Le Chemin du Capitalisme : Ses Triomphes, ses Excès, et une Voie vers une Planète Ressourcée

Préambule

Dans un monde en constante mutation, le capitalisme a joué un rôle prépondérant dans la formation de la société moderne. Depuis ses racines historiques jusqu'à son influence actuelle sur notre quotidien, le capitalisme a été à la fois l'architecte de triomphes économiques spectaculaires et le complice de nombreux excès.

"Le Chemin du Capitalisme : Ses Triomphes, ses Excès, et une Voie vers une Planète Ressourcée" est une invitation à un voyage à travers l'histoire complexe de ce système économique. Au fil des pages, nous explorerons les étapes cruciales de son développement, les révolutions industrielles qui l'ont alimenté, les inégalités qu'il a engendrées, et les défis environnementaux qu'il pose à notre planète.

Nous n'ignorerons pas les critiques et les questions que le capitalisme soulève. Nous aborderons de front les excès, les déséquilibres et les préoccupations éthiques qui l'entourent. Cependant, nous ne nous contentons pas de dépeindre un tableau sombre. Ce livre est aussi un appel à l'optimisme, à l'innovation et à l'action.

En parcourant "Le Chemin du Capitalisme," nous examinerons comment nous pouvons repenser notre engagement envers la planète et les ressources limitées qui la composent. Nous explorerons des idées, des initiatives et des innovations visant à équilibrer le progrès économique avec la préservation de notre environnement.

Il ne s'agit pas de rejeter le capitalisme, mais de le redéfinir, de l'adapter aux défis du XXIe siècle. En fin de compte, ce livre cherche à inspirer une conversation constructive sur la manière dont nous pouvons créer un avenir durable, où la prospérité économique coexiste harmonieusement avec la protection de notre planète.

"Le Chemin du Capitalisme" est une invitation à la réflexion, à la discussion et à l'action. Nous vous invitons à vous joindre à nous dans cette exploration du passé, du présent et du futur du capitalisme, car c'est ensemble que nous pouvons forger une voie vers une planète ressourcée.

Introduction

Présentation du sujet et de l'objectif de l'ouvrage

Bienvenue dans l'univers captivant de "Le Chemin du Capitalisme : Ses Triomphes, ses Excès, et une Voie vers une Planète Ressourcée". Dans cette introduction, nous vous présenterons le sujet de notre ouvrage ainsi que son objectif principal, afin de vous familiariser avec les thèmes qui seront explorés au fil des pages.

Le capitalisme, bien qu'il soit l'un des systèmes économiques les plus influents et répandus de notre époque, suscite depuis longtemps des débats passionnés. Il est à la fois encensé pour son rôle dans la création de richesses et critiqué pour ses effets sur l'environnement, les inégalités et la société en général. Notre ouvrage se propose de démystifier ce système complexe en examinant à la fois ses bienfaits et ses dérives.

Notre objectif principal est de fournir une perspective équilibrée sur le capitalisme en explorant son évolution depuis ses origines, en passant par son impact sur le développement industriel, la recherche scientifique et l'amélioration du niveau de vie de la population. Cependant, nous n'ignorerons pas les défis majeurs que pose le capitalisme, notamment la pollution, la montée des inégalités et la répartition inégale des ressources.

Nous aborderons également des sujets qui questionnent le rôle du capitalisme dans l'exploration spatiale, la gestion des ressources financières et la préservation de notre planète. Notre objectif est de vous amener à réfléchir à la manière dont le capitalisme peut être réorienté vers un avenir plus équilibré et durable.

Au fil des chapitres, nous analyserons les racines historiques du capitalisme, ses contributions à la société, ses conséquences environnementales, les inégalités qu'il engendre, ainsi que les solutions potentielles pour créer un monde meilleur.

Nous vous invitons à vous plonger dans ce voyage intellectuel pour mieux comprendre les mécanismes du capitalisme, ses avantages et ses imperfections, et à réfléchir aux moyens de construire un avenir où la prospérité, la durabilité et l'équité coexistent harmonieusement. Notre objectif ultime est de susciter la réflexion et de vous inspirer à jouer un rôle actif dans la création d'un monde plus équilibré et florissant pour tous.

Importance du capitalisme dans le développement de la société

L'importance du capitalisme dans le développement de la société est un thème central de notre ouvrage. Pour comprendre pleinement cette importance, il est essentiel d'explorer les multiples facettes du capitalisme et son rôle évolutif à travers l'histoire.

Le capitalisme a été un moteur puissant du progrès économique et social depuis ses débuts. Il a encouragé l'innovation, la concurrence et la quête du profit, incitant ainsi les individus et les entreprises à rechercher des moyens plus efficaces de produire des biens et des services. Cette dynamique a permis la croissance des premières industries, ouvrant la voie à une transformation économique et technologique sans précédent.

Le capitalisme a également joué un rôle majeur dans le financement des infrastructures vitales pour la société. Les routes, les hôpitaux, les écoles et d'autres institutions ont été construits grâce aux investissements privés motivés par le désir de retour sur investissement. Cette infrastructure a jeté les bases du bien-être général, facilitant la vie des citoyens et l'accès aux services essentiels.

Le capitalisme a été un moteur financier pour la recherche scientifique. Des entreprises et des individus fortunés ont souvent financé des projets de recherche ambitieux, contribuant ainsi aux avancées majeures dans divers domaines, de la médecine à la technologie, en passant par la science fondamentale.

Enfin, le capitalisme a contribué à l'amélioration du niveau de vie de la population humaine en favorisant la production de biens et de services plus abordables et en encourageant la création d'emplois. Il a stimulé la croissance économique, permettant ainsi à de nombreuses personnes d'accéder à un meilleur confort de vie, à l'éducation et aux soins de santé.

Cependant, il est important de noter que cette contribution positive du capitalisme ne s'est pas faite sans controverse ni conséquences indésirables. Les défis environnementaux, les inégalités économiques et les dérives du système sont autant d'aspects à considérer. Dans notre ouvrage, nous explorerons ces différentes dimensions du capitalisme, en fournissant une perspective équilibrée sur son rôle dans le développement de la société. Nous espérons que cette exploration vous aidera à mieux comprendre les enjeux et à envisager des moyens de maximiser les avantages du capitalisme tout en atténuant ses effets négatifs.

Annonce des axes de réflexion

Dans ce livre, nous aborderons les axes de réflexion suivants, qui jettent un éclairage approfondi sur le capitalisme, ses bienfaits et ses dérives :

1. Les Racines du Capitalisme :
Nous explorerons les origines du capitalisme et chercherons à comprendre si l'appétit du gain et la quête de profit sont des traits innés de l'humanité ou s'ils sont conditionnés par des facteurs sociaux et historiques. En examinant les débuts du commerce, de la monnaie et du troc, nous remonterons aux racines de ce système économique.

2. Le Capitalisme au Service de la Prospérité :
Dans ce chapitre, nous mettrons en lumière les contributions positives du capitalisme au développement de la société. Nous étudierons comment le capitalisme a favorisé la croissance des premières industries, le financement d'infrastructures cruciales, et son rôle dans la progression de la recherche scientifique, améliorant ainsi le niveau de vie de la population.

3. Le Revers de la Médaille :

Ce chapitre se penchera sur les aspects négatifs du capitalisme, notamment sa contribution à la pollution due aux industries de masse. Nous discuterons des inégalités économiques croissantes et de la montée d'une élite ultra-fortunée, tout en examinant les conséquences environnementales et sociales de ce modèle économique.

4. Les Nouveaux Défis du Capitalisme :
Nous analyserons comment le capitalisme alloue des ressources financières colossales à des secteurs tels que l'exploration spatiale, en dépit des problèmes environnementaux pressants sur Terre, notamment de pérenniser la viabilité de notre belle planète. Nous aborderons également les questions de durabilité, de gestion des ressources et des conséquences sur la faune et la flore de notre planète.

5. Perspectives pour un Avenir Équilibré :
Enfin, dans ce dernier chapitre, nous explorerons des idées et des solutions pour réorienter le capitalisme vers un avenir plus équilibré, durable et équitable. Nous discuterons des notions de développement durable, de responsabilité sociale des entreprises et du rôle de l'innovation dans la construction d'un monde meilleur.

Ces axes de réflexion formeront la structure de notre ouvrage, nous guidant dans l'exploration des multiples facettes du capitalisme et dans la quête de réponses aux défis complexes auxquels il est confronté. Nous espérons que cette approche équilibrée vous permettra de mieux comprendre les implications du capitalisme sur notre société et notre planète, tout en vous inspirant à envisager des solutions pour un avenir plus harmonieux.

1. Les Racines du Capitalisme

La première partie de cet ouvrage, intitulée "Les Racines du Capitalisme," plonge au cœur de l'histoire économique, sociale et culturelle pour explorer les origines du capitalisme. Dans cette section, nous découvrirons les fondements du désir de profit et de l'enrichissement, remontant à des époques lointaines bien avant l'apparition du capitalisme moderne. Nous explorerons comment l'innovation, les systèmes monétaires, les valeurs culturelles et les premiers signes du capitalisme ont façonné l'évolution économique. À travers cette réflexion approfondie, nous jetterons les bases de notre compréhension du capitalisme en tant que force motrice de notre monde contemporain, en mettant en lumière ses avantages et ses dérives.

1.1 - Origines du désir de profit et de l'enrichissement

L'exploration des origines du désir de profit et de l'enrichissement est essentielle pour comprendre comment le capitalisme a évolué au fil des siècles. Cette quête de profit est profondément ancrée dans l'histoire de l'humanité, bien avant l'avènement du capitalisme en tant que système économique moderne.

1.1.1 Origines dans les Sociétés Précapitalistes :

Les racines du désir de profit et de l'enrichissement remontent aux premiers stades de l'organisation sociale et économique de l'humanité. Avant l'apparition du capitalisme en tant que système économique structuré, nos ancêtres, dans des sociétés précapitalistes, ont également été animés par une quête de profit et d'avantages économiques.

1.1.1.1 Le Commerce et l'Échange :

Dès les premières sociétés humaines, le commerce et l'échange de biens étaient essentiels à la survie et au développement des communautés. Les groupes humains ont rapidement découvert que la spécialisation dans la production de certains biens ou ressources pouvait améliorer leur qualité de vie. Par conséquent, le troc est devenu une pratique courante, permettant aux individus de satisfaire leurs besoins en échange de ce qu'ils pouvaient offrir. Cette dynamique d'échange a créé un environnement propice à la recherche de biens rares ou de valeur.

1.1.1.2 Accumulation de Richesses Précieuses :

Dans ces sociétés précapitalistes, l'accumulation de ressources précieuses telles que le bétail, les métaux, les pierres précieuses ou même les terres agricoles est devenue un moyen de garantir la sécurité économique et la prospérité. Posséder des biens rares ou précieux conférait un avantage économique et social. Les individus cherchaient à accumuler ces ressources pour garantir leur propre bien-être et celui de leur famille ou de leur communauté.

1.1.1.3 Innovation et Progrès Technique :

L'innovation et l'amélioration des techniques de production étaient étroitement liées à la quête de profit. Les individus ont développé de nouvelles technologies pour augmenter leur productivité, ce qui, en retour, accroissait leurs opportunités de profit. Les innovations, telles que les outils plus efficaces ou les méthodes agricoles améliorées, ont créé des avantages économiques pour ceux qui les adoptaient.

1.1.1.4 Rôle des Marchés Locaux :

Les marchés locaux, bien que rudimentaires par rapport à ceux que nous connaissons aujourd'hui, ont émergé pour faciliter les échanges et le commerce. Ils sont devenus des lieux où les individus pouvaient acheter, vendre et négocier des biens, contribuant ainsi à la recherche de profit.

L'émergence de ces tendances dans les sociétés précapitalistes a jeté les bases de ce que nous connaissons aujourd'hui sous le nom de capitalisme. Le capitalisme moderne a amplifié ces motivations en institutionnalisant le désir de profit à une échelle beaucoup plus vaste, favorisant la concurrence, l'investissement et l'accumulation de capital. Néanmoins, ces impulsions économiques fondamentales remontent à un passé lointain, où les individus cherchaient déjà à améliorer leur sort en tirant profit du commerce, de l'innovation et de l'accumulation de richesses. Cette histoire illustre comment le capitalisme est enraciné dans les profondeurs de l'expérience humaine.

1.1.2 Le Rôle de l'Innovation :

L'innovation a été un moteur essentiel de la recherche du profit tout au long de l'histoire humaine. Elle a joué un rôle crucial dans l'amélioration de la productivité, dans la création de nouvelles opportunités commerciales, et a permis à ceux qui l'ont exploitée avec succès d'accumuler des richesses substantielles. Voici comment l'innovation a contribué à cet égard :

1.1.2.1 L'Invention de la Roue :

L'invention de la roue a été l'une des premières innovations technologiques majeures de l'humanité. Elle a radicalement transformé le transport des marchandises, permettant le déplacement plus efficace de biens et facilitant ainsi le commerce. Les individus qui ont exploité cette innovation en construisant des chariots ou en organisant des réseaux de transport ont pu bénéficier de l'augmentation de l'efficacité économique et accumuler des richesses en participant à des échanges commerciaux plus étendus.

1.1.2.2 L'Agriculture :

L'invention de l'agriculture a été l'un des progrès les plus fondamentaux dans l'histoire de l'humanité. La capacité de cultiver des cultures et d'élever du bétail a permis de stabiliser l'approvisionnement alimentaire et de libérer des individus pour s'adonner à d'autres activités. Cela a ouvert la voie à la spécialisation économique, favorisant la recherche de profits dans la production et l'échange de surplus de nourriture.

1.1.2.3 La Métallurgie :

La découverte et le développement de la métallurgie ont donné naissance à une révolution dans la production d'outils et d'armes, améliorant la productivité dans divers domaines. Les individus qui maîtrisaient les techniques de métallurgie pouvaient non seulement améliorer la qualité de leurs produits, mais aussi les commercialiser avec succès, augmentant ainsi leur richesse et leur influence.

1.1.2.4 L'Imprimerie :

L'invention de l'imprimerie par Johannes Gutenberg au XVe siècle a révolutionné la diffusion de l'information et a créé de nouvelles opportunités commerciales dans le domaine de l'édition et de la diffusion de livres. Cette innovation a facilité la diffusion des connaissances, la promotion de nouvelles idées et la croissance du commerce des livres imprimés, générant des profits substantiels pour ceux qui étaient impliqués dans cette industrie naissante.

Ces exemples montrent comment l'innovation technologique a constamment remodelé la dynamique économique, en créant des opportunités pour les individus et les entreprises d'accumuler des richesses. Les personnes ou les groupes qui étaient en mesure de mettre en œuvre ces innovations avec succès étaient souvent en mesure de capitaliser sur ces avantages, contribuant ainsi à l'évolution de la société et à l'émergence de systèmes économiques comme le capitalisme. L'innovation a donc été un élément central de l'histoire économique et du désir de profit qui continue de façonner notre monde moderne.

1.1.3 La Monnaie et le Commerce :

L'introduction de la monnaie marque un tournant majeur dans l'histoire économique de l'humanité. Cela a radicalement transformé la nature des échanges, des transactions commerciales et a créé des opportunités de profit considérables. Voici comment l'avènement de la monnaie a façonné l'évolution du désir de profit et du commerce :

1.1.3.1 Facilitation des Échanges :

Avant l'introduction de la monnaie, le troc était la principale méthode d'échange. Les individus devaient échanger des biens ou des services directement contre d'autres biens ou services. Cela présentait des limites évidentes, car il fallait trouver une double coïncidence des besoins pour qu'un échange soit réalisé. La monnaie a éliminé ce problème en servant d'intermédiaire universel dans les transactions.

1.1.3.2 Spécialisation Économique :

L'introduction de la monnaie a ouvert la voie à une plus grande spécialisation économique. Les individus et les communautés pouvaient se concentrer sur la production de biens ou de services spécifiques dans lesquels ils excellaient, sachant qu'ils pourraient échanger ces biens contre de la monnaie, qui serait ensuite utilisée pour acquérir d'autres biens ou services. Cela a favorisé une allocation plus efficace des ressources et a conduit à des niveaux de productivité plus élevés.

1.1.3.3 Émergence des Marchés :

Avec l'utilisation généralisée de la monnaie, les marchés sont devenus des lieux où les individus pouvaient acheter, vendre et négocier des biens et des services. Les marchés ont favorisé la compétition, la fixation des prix, la diversité des produits et ont créé des opportunités de profit pour les commerçants. Les marchés sont devenus des carrefours d'échanges et de recherche de profit financier.

1.1.3.4 Investissement et Accumulation de Richesse :

La monnaie a également ouvert la porte à des concepts d'investissement et d'accumulation de richesse. Les individus pouvaient désormais économiser de l'argent pour des périodes futures, investir dans des projets ou des entreprises, ou rechercher des opportunités de profit financier, par exemple en prêtant de l'argent à intérêt.

1.1.3.5 Diversification des Opportunités de Profit :

La monnaie a créé un environnement économique plus diversifié, permettant aux individus de s'engager dans des activités commerciales de plus en plus variées. La diversification des opportunités de profit a donné naissance à des secteurs spécialisés de l'économie et a encouragé l'innovation dans de nombreux domaines.

L'introduction de la monnaie a donc joué un rôle clé dans l'évolution du désir de profit et a contribué à la transformation de la dynamique économique. En éliminant les contraintes du troc, la monnaie a favorisé la spécialisation, la croissance des marchés, l'investissement et a ouvert la voie à une économie plus complexe. Elle a permis aux individus de rechercher le profit financier de manière plus efficace et a été un facteur clé dans la transition vers des systèmes économiques plus sophistiqués, y compris le capitalisme moderne.

1.1.4 Influences Culturelles et Sociales :

L'influence des valeurs culturelles et sociales sur l'évolution du désir de profit ne doit pas être sous-estimée. Ces valeurs ont façonné la manière dont les individus et les communautés percevaient la quête de richesses, et elles ont joué un rôle significatif dans l'encouragement de cette recherche. Voici comment la culture et la société ont contribué à façonner le désir de profit dans différentes civilisations et époques :

1.1.4.1 Vertu de la Réussite Matérielle :

Dans de nombreuses sociétés, la réussite matérielle a été associée à des vertus telles que la persévérance, la créativité, la détermination et l'intelligence. Les individus qui ont prospéré économiquement étaient souvent admirés et respectés. Dans certaines cultures, l'accumulation de richesses était considérée comme le fruit du dur labeur et de la compétence, ce qui a encouragé la quête de profit.

1.1.4.2 Bénédiction Divine :

Dans certaines civilisations, la richesse était considérée comme une bénédiction divine, un signe de faveur des dieux ou de la destinée. Cette croyance a motivé les individus à rechercher la prospérité comme une forme de bénédiction et de validation de leur mode de vie.

1.1.4.3 Statut Social et Prestige :

Dans de nombreuses sociétés, le statut social et le prestige étaient étroitement liés à la richesse matérielle. Les individus fortunés pouvaient occuper des positions de pouvoir et d'influence, ce qui renforçait l'idée que la recherche de profit était une voie vers le succès personnel et social.

1.1.4.4 Évolution des Normes Sociales :

Les normes sociales évoluent avec le temps, et la recherche de profit a parfois été encouragée par un changement dans ces normes. Par exemple, au cours de la Révolution industrielle, le capitalisme a été salué comme un moyen d'améliorer le bien-être général, encourageant ainsi la recherche de profit.

1.1.4.5 Récompense de l'Innovation :

Dans certaines sociétés, l'innovation et la créativité ont été récompensées financièrement, ce qui a incité les individus à investir leur temps et leurs ressources dans des projets novateurs. Cette approche a favorisé la recherche de profit grâce à la mise en œuvre d'idées nouvelles et ingénieuses.

Cependant, il est important de noter que ces valeurs culturelles et sociales ont varié d'une société à l'autre et ont évolué au fil du temps. Les cultures et les normes sociales ont façonné la manière dont le désir de profit a été perçu et encouragé, ce qui a influencé la dynamique économique. Dans certaines sociétés, la recherche de profit était célébrée, tandis que dans d'autres, elle pouvait être associée à la cupidité ou à des valeurs moins positives. Ces diverses perspectives sur la richesse ont façonné la façon dont les individus ont poursuivi le profit et ont contribué à la diversité des systèmes économiques à travers l'histoire.

1.1.5 L'Ère du Capitalisme :

Le capitalisme moderne a consolidé et amplifié les désirs de profit et d'enrichissement qui étaient déjà présents dans les sociétés précapitalistes en un système économique complexe. Il a créé une structure institutionnelle qui fait de la recherche du profit une force motrice essentielle qui sous-tend l'ensemble du système. Voici comment le capitalisme a institutionnalisé le désir de profit et comment il a remodelé l'économie moderne :

1.1.5.1 La Concurrence :

Le capitalisme repose sur le principe de la concurrence. Les entreprises sont incitées à rivaliser pour attirer des clients, à améliorer leurs produits et leurs services, à innover et à réduire leurs coûts. Cette compétition crée des incitations à rechercher le profit en proposant des biens et des services de qualité supérieure, à des prix compétitifs.

1.1.5.2 L'Innovation :

Le capitalisme favorise l'innovation en offrant des récompenses financières à ceux qui développent de nouvelles idées, de nouvelles technologies et de nouveaux produits. Les individus et les entreprises qui introduisent des innovations sur le marché peuvent réaliser des profits substantiels. Cela a conduit à des avancées technologiques et à l'amélioration constante des produits et des services.

1.1.5.3 L'Investissement :

Le capitalisme encourage l'investissement en fournissant des incitations financières à ceux qui sont prêts à mettre leur argent dans des entreprises ou des projets. L'investissement permet la croissance économique, la création d'emplois et la recherche de profit à long terme. Les investisseurs espèrent un retour sur leur investissement, ce qui les motive à soutenir des initiatives économiques.

1.1.5.4 L'Accumulation de Capital :

Dans un système capitaliste, l'accumulation de capital est un objectif clé. Les entreprises cherchent à accroître leurs actifs, les individus cherchent à épargner et à investir, et les gouvernements créent des politiques favorables à l'accumulation de capital. L'accumulation de capital est un moyen de s'assurer un pouvoir économique accru et une sécurité financière.

1.1.5.5 Marchés Financiers :

Les marchés financiers jouent un rôle central dans le capitalisme moderne. Ils permettent aux entreprises de lever des capitaux, aux investisseurs d'acheter et de vendre des titres, et aux gouvernements d'emprunter de l'argent. Les marchés financiers sont des lieux où la recherche de profit financier est au cœur de toutes les transactions.

1.1.5.6 Entreprises et Investisseurs :

Les entreprises privées et les investisseurs individuels sont les acteurs principaux dans la quête de profit du capitalisme. Les entreprises cherchent à maximiser leurs bénéfices pour récompenser leurs actionnaires, tandis que les investisseurs cherchent à obtenir un rendement sur leur capital.

Le capitalisme est donc un système économique qui a institutionnalisé le désir de profit et d'enrichissement, en faisant de la recherche de profit un moteur essentiel de l'activité économique. Il a créé des incitations à la concurrence, à l'innovation, à l'investissement et à l'accumulation de capital, ce qui a conduit à une croissance économique spectaculaire dans de nombreuses régions du monde. Cependant, il a également soulevé des questions sur la distribution inégale des richesses, les inégalités économiques et les conséquences environnementales, faisant du capitalisme un sujet de débat important dans la société moderne.

En fin de compte, le désir de profit et d'enrichissement est un aspect inhérent à la nature humaine, qui a évolué à travers l'histoire en réponse aux changements économiques, technologiques et sociaux. Comprendre ces origines permet de mieux saisir pourquoi le capitalisme a prospéré et comment il a influencé la société d'aujourd'hui, tout en suscitant des interrogations sur la façon dont ces motivations peuvent être canalisées pour le bien de tous.

1.2 - Évolution du capitalisme depuis les débuts du commerce et de la monnaie

L'évolution du capitalisme depuis les débuts du commerce et de la monnaie est une perspective fascinante de l'histoire économique. Pour explorer cette évolution, nous pouvons la diviser en plusieurs étapes clés, chacune représentant une phase importante du développement du capitalisme :

1.2.1 Les Prémices du Capitalisme : Les Origines du Désir de Profit

Les origines du désir de profit remontent à des époques reculées, bien avant l'avènement du capitalisme en tant que système économique moderne. Cette phase précapitaliste était caractérisée par des pratiques économiques rudimentaires qui posaient les fondations du capitalisme ultérieur. Voici quelques-uns des éléments clés de cette époque :

1.2.1.1 Débuts de l'Échange et du Troc :

Les premières sociétés humaines étaient axées sur la subsistance, et l'échange de biens était essentiel pour leur survie et leur développement. Les individus ont rapidement compris que la collaboration économique pouvait améliorer leur qualité de vie. Le troc, où des biens étaient échangés directement, est devenu un moyen de répondre aux besoins mutuels. Cette dynamique a créé un environnement propice à la recherche de biens rares ou précieux.

1.2.1.2 Impact de l'Innovation Technologique :

Les innovations technologiques ont joué un rôle crucial dans la quête de profit. L'invention de la roue a révolutionné le transport des marchandises, facilitant ainsi le commerce sur de plus longues distances. L'agriculture a permis une production alimentaire plus efficace, libérant du temps pour l'exploration de nouvelles opportunités économiques. La métallurgie a amélioré la qualité des outils et des armes, renforçant la productivité et la valeur des biens. Ces avancées ont ouvert de nouvelles perspectives pour la recherche de profit.

1.2.1.3 La Monnaie Primitive comme Facilitateur d'Échanges :

L'introduction de la monnaie a marqué un tournant majeur dans l'histoire de la recherche de profit. Les sociétés ont commencé à utiliser des objets rares ou précieux comme moyen d'échange, éliminant ainsi la nécessité de troquer des biens directement. La monnaie a grandement facilité les échanges en créant une unité de compte commune. Cela a ouvert la voie à une plus grande spécialisation, car les individus pouvaient se concentrer sur la production de biens ou de services spécifiques. La monnaie a également créé des opportunités de profit en facilitant l'achat de biens précieux et en encourageant la création de marchés.

Ces prémices du capitalisme étaient caractérisées par des échanges rudimentaires, des innovations technologiques naissantes et l'introduction de la monnaie en tant que moyen d'échange. Ces éléments fondamentaux ont constitué les bases sur lesquelles le capitalisme moderne s'est développé au fil des siècles.

1.2.2 La Révolution Commerciale et les Débuts du Capitalisme

La période de la Révolution Commerciale a marqué une étape significative dans l'évolution du capitalisme naissant. Cette ère a vu l'émergence de marchés locaux et internationaux, la valorisation du commerce et la montée de sociétés où la recherche de profit était au cœur des préoccupations. Voici quelques-uns des aspects clés de cette époque :

1.2.2.1 Émergence des Marchés Locaux et Internationaux :

La Révolution Commerciale a vu l'essor de marchés locaux et internationaux. Les cités, les ports et les carrefours commerciaux sont devenus des centres d'échanges où des biens provenant de régions lointaines étaient négociés. Cela a permis la circulation de marchandises rares et précieuses, créant ainsi des opportunités de profit pour les marchands et les commerçants.

1.2.2.2 Cités-États Grecques et l'Égypte Ancienne :

Les cités-États grecques, telles que Athènes, et l'Égypte ancienne sont des exemples de sociétés où le commerce et la recherche de profit étaient fortement valorisés. Les Grecs étaient des marins et des commerçants habiles, participant activement au commerce méditerranéen. L'Égypte, en raison de sa position géographique stratégique, était un carrefour commercial majeur reliant l'Afrique, l'Asie et l'Europe.

1.2.2.3 Guildes Médiévales et l'Accumulation de Richesses :

Pendant le Moyen Âge, les guildes, des associations de marchands et d'artisans, ont joué un rôle central dans l'économie européenne. Elles ont contribué à réglementer le commerce, à protéger les intérêts des marchands et à encourager l'accumulation de richesses. Les marchands médiévaux, souvent organisés en guildes, cherchaient à augmenter leurs profits en dominant le commerce local et international, contribuant ainsi à la croissance du capitalisme.

La Révolution Commerciale a ouvert la voie à une période de dynamisme économique et d'expansion des marchés. Les sociétés et les civilisations qui valorisaient le commerce et la recherche de profit ont prospéré, favorisant la croissance des activités économiques et le développement des marchés. Ces développements ont créé une base solide pour les évolutions ultérieures du capitalisme, en particulier au cours de la période de la Révolution Industrielle.

1.2.3 Les Prémices du Capitalisme Moderne : La Renaissance et la Révolution Industrielle

La période de la Renaissance et la Révolution Industrielle ont joué un rôle essentiel dans la transition vers le capitalisme moderne. Ces ères ont été marquées par l'émergence d'idées novatrices, le passage de l'artisanat à la production industrielle et l'impact de l'industrialisation sur l'économie. Voici les éléments clés de cette évolution :

1.2.3.1 Influence des Idées de la Renaissance :

La Renaissance a été une période de renouveau culturel, intellectuel et artistique en Europe. Elle a également eu un impact significatif sur la manière dont les individus percevaient l'entreprise, la concurrence et l'innovation. Les idées humanistes ont encouragé la curiosité, la créativité et l'exploration, ce qui a favorisé la recherche de profit. Les artistes et les penseurs de la Renaissance ont contribué à créer un environnement intellectuel propice à l'esprit d'entreprise.

1.2.3.2 Transition de l'Artisanat à la Production Industrielle :

La Révolution Industrielle a été un tournant majeur dans l'histoire du capitalisme. Elle a marqué la transition de l'artisanat traditionnel à la production industrielle à grande échelle. Les inventions et les innovations telles que le métier à tisser mécanique, la locomotive à vapeur et la machine à vapeur ont radicalement transformé les processus de production. Cela a permis d'accroître considérablement la productivité et de répondre à la demande croissante de biens.

1.2.3.3 Importance de la Métallurgie, de la Mécanisation et de la Machine à Vapeur :

La métallurgie a joué un rôle central pendant la Révolution Industrielle, car elle a fourni des matériaux essentiels pour la construction de machines et d'infrastructures. La mécanisation, c'est-à-dire le remplacement de la main-d'œuvre humaine par des machines, a révolutionné la production. La machine à vapeur, inventée au XVIIIe siècle, a été l'une des avancées technologiques les plus significatives, propulsant les usines, les navires et les chemins de fer. Cette technologie a été le moteur de la croissance économique rapide de cette période.

Ces développements ont contribué à transformer la structure de l'économie, de l'artisanat traditionnel à la production industrielle à grande échelle. Ils ont également renforcé l'importance de l'innovation technologique et de l'efficacité dans la recherche de profit. La transition de l'artisanat à la production industrielle a créé de nouvelles opportunités commerciales, a favorisé la croissance des entreprises et a jeté les bases du capitalisme moderne qui allait se développer au cours des siècles suivants.

1.2.4 Le Développement du Capitalisme Industriel

Au cours du XIXe siècle, le capitalisme a connu une transformation majeure en se développant vers le capitalisme industriel. Cette ère a été marquée par l'essor de l'industrie lourde, la production en série et la montée de grandes entreprises. Voici les principaux aspects de cette évolution :

1.2.4.1 Essor de l'Industrie Lourde et de la Production en Série :

L'industrialisation s'est intensifiée avec l'essor de l'industrie lourde. Les secteurs tels que la sidérurgie, la construction navale et l'exploitation minière ont connu une croissance considérable. De plus, la production en série est devenue courante, grâce à l'application de méthodes de fabrication plus efficaces, comme l'assemblage à la chaîne. Cela a permis de réduire les coûts de production et d'augmenter la quantité de biens produits.

1.2.4.2 Montée de la Finance, des Banques et des Sociétés par Actions :

La finance a joué un rôle de plus en plus important dans le capitalisme industriel. Les banques ont commencé à jouer un rôle clé en fournissant des financements pour les entreprises en expansion. Les sociétés par actions sont devenues un moyen essentiel de mobiliser des capitaux pour financer de grands projets industriels. Les investisseurs pouvaient acheter des actions de ces sociétés, ce qui a contribué à la croissance des entreprises tout en offrant des opportunités de profit aux actionnaires.

1.2.4.3 Croissance des Villes et des Centres Industriels :

L'expansion de l'industrialisation a entraîné une urbanisation massive. Les villes et les centres industriels se sont développés rapidement pour accueillir les travailleurs des usines. Cette migration vers les zones urbaines a créé des pôles de production et a favorisé la concentration de main-d'œuvre. Les villes sont devenues des centres de commerce, de culture et d'innovation, tout en étant le siège des principales industries.

Le capitalisme industriel a marqué une période de croissance économique rapide, d'urbanisation et de transformation des modes de production. Les grandes entreprises sont devenues des acteurs clés de l'économie, tandis que le secteur financier a joué un rôle vital dans le financement de cette expansion. L'industrialisation a également transformé la structure sociale, créant une classe ouvrière importante et diversifiée. Cette transition vers le capitalisme industriel a jeté les bases de l'économie moderne et a eu un impact profond sur la société.

1.2.5 Les Défis et les Controverses du Capitalisme Moderne

L'expansion du capitalisme moderne a apporté des avantages économiques, mais elle a également généré des défis et des controverses significatifs. Cette période a été marquée par des inégalités croissantes, des révoltes ouvrières, des impacts sociaux et environnementaux importants, ainsi que des réponses gouvernementales aux crises économiques. Voici un aperçu de ces défis et controverses :

1.2.5.1 Inégalités Économiques Croissantes et Révoltes Ouvrières :

À mesure que le capitalisme industriel se développait, les inégalités économiques ont augmenté. Les riches étaient devenus beaucoup plus riches, tandis que les travailleurs en usine faisaient face à des conditions de travail difficiles et à de faibles salaires. Ces inégalités ont conduit à des mouvements ouvriers et à des révoltes, dont certaines ont été marquées par des grèves et des manifestations pour de meilleures conditions de travail et de vie. L'opposition entre les travailleurs et les capitalistes a été l'une des principales controverses de l'époque.

1.2.5.2 Impact Social et Environnemental de l'Industrialisation :

L'industrialisation a apporté des avantages économiques, mais elle a également eu des conséquences sociales et environnementales. Les conditions de vie dans les zones urbaines surpeuplées étaient souvent insalubres, ce qui entraînait des problèmes de santé importants. De plus, l'industrialisation a eu un impact négatif sur l'environnement, avec la pollution de l'air et de l'eau. Cette préoccupation environnementale est devenue une question majeure et a contribué à l'émergence du mouvement environnemental.

1.2.5.3 Évolution des Régulations Gouvernementales et des Réponses aux Crises Économiques :

Face aux défis posés par le capitalisme industriel, les gouvernements ont commencé à intervenir pour réglementer les marchés et atténuer les inégalités. Des lois sur le travail ont été mises en place pour protéger les droits des travailleurs. De plus, en réponse aux crises économiques, des mesures de régulation et des politiques de soutien économique ont été développées. Ces interventions gouvernementales ont contribué à équilibrer certains des excès du capitalisme et à atténuer les conséquences sociales et environnementales négatives.

Cette période a été caractérisée par des débats intenses sur les avantages et les inconvénients du capitalisme moderne. Les inégalités économiques, les problèmes sociaux et environnementaux, ainsi que les réponses gouvernementales à ces enjeux ont contribué à façonner l'évolution du capitalisme et ont donné lieu à des réformes significatives visant à garantir une économie plus équitable et durable.

1.2.6 Le Capitalisme Contemporain et les Tendances Économiques Mondiales

Le capitalisme contemporain est marqué par des tendances économiques mondiales qui ont redéfini la nature de l'économie. Ces tendances ont transformé les modèles économiques et suscité des débats sur des questions clés. Voici un aperçu de ces tendances :

1.2.6.1 Globalisation et Essor des Marchés Mondiaux :

La globalisation a été l'une des tendances les plus influentes du capitalisme contemporain. Elle a favorisé l'intégration des économies à l'échelle mondiale, permettant un commerce international croissant et des mouvements de capitaux transfrontaliers. Cela a ouvert de nouveaux marchés pour les entreprises, élargi les opportunités d'investissement et favorisé la diversification des chaînes d'approvisionnement.

1.2.6.2 Nouvelles Technologies et Économie Numérique :

Les avancées technologiques, en particulier dans le domaine de l'informatique et des communications, ont donné naissance à l'économie numérique. Les entreprises ont adopté des modèles commerciaux basés sur la technologie, devenant des acteurs majeurs de l'économie. L'économie numérique a favorisé l'innovation, la création de nouvelles entreprises, et a transformé la manière dont les biens et services sont produits, distribués et consommés.

1.2.6.3 Questions de Durabilité, de Responsabilité Sociale des Entreprises et de Redistribution des Richesses :

Le capitalisme contemporain a été confronté à des préoccupations croissantes concernant la durabilité environnementale. Les questions liées au changement climatique, à la dégradation de l'environnement et à l'utilisation des ressources naturelles ont suscité des débats sur la nécessité de repenser la manière dont les entreprises opèrent. La responsabilité sociale des entreprises (RSE) est devenue un élément essentiel, encourageant les entreprises à adopter des pratiques durables et à prendre en compte leur impact social et environnemental. De plus, les questions de redistribution des richesses ont été mises en avant, en particulier en ce qui concerne les inégalités économiques croissantes.

Le capitalisme contemporain est en constante évolution, influencé par des facteurs tels que la mondialisation, la technologie et les préoccupations environnementales et sociales. Ces tendances ont remodelé les modèles économiques, créé de nouvelles opportunités et soulevé des défis majeurs. L'équilibre entre la recherche de profit, la durabilité et la responsabilité sociale des entreprises est devenu un élément central des débats sur l'avenir du capitalisme.

1.2.7 Les Défis Actuels et les Perspectives pour l'Avenir

Le capitalisme contemporain est confronté à des défis cruciaux qui façonneront son avenir. Ces défis sont le reflet des transformations économiques, sociales et technologiques en cours et suscitent des débats essentiels sur la voie à suivre. Voici un aperçu des enjeux actuels et des perspectives pour l'avenir du capitalisme :

1.2.7.1 Révolution Technologique, Automatisation et Emplois du Futur :

La révolution technologique, marquée par l'intelligence artificielle, l'automatisation et la robotique, a le potentiel de transformer fondamentalement le monde du travail. Alors qu'elle crée de nouvelles opportunités, elle soulève également des inquiétudes quant à la disparition d'emplois traditionnels. La question de la formation et de la reconversion des travailleurs, ainsi que l'assurance de la sécurité économique pour tous, sont au cœur des débats sur la manière de gérer ces changements.

1.2.7.2 Débats sur la Réforme Fiscale, l'Assurance-Santé, le Revenu de Base Universel et la Protection de l'Environnement :

Les débats sur la réforme fiscale visent à rééquilibrer la répartition des richesses et à garantir une contribution équitable des entreprises et des individus. Les discussions sur l'assurance-santé mettent en avant l'importance de l'accès aux soins de santé pour tous les citoyens. Le revenu de base universel est une proposition qui vise à garantir un niveau de sécurité économique pour tous, quel que soit leur emploi. La protection de l'environnement est devenue une priorité absolue, avec des efforts pour réduire les émissions de carbone, protéger la biodiversité et promouvoir la durabilité.

1.2.7.3 Réflexions sur l'Équilibre entre le Profit, la Responsabilité Sociale et la Durabilité :

L'un des défis les plus fondamentaux pour l'avenir du capitalisme est de trouver l'équilibre entre la recherche de profit, la responsabilité sociale des entreprises et la durabilité. Les entreprises sont de plus en plus incitées à prendre en compte leur impact social et environnemental tout en poursuivant leurs objectifs financiers. Les pressions des consommateurs, des investisseurs et des régulateurs pour des pratiques commerciales éthiques et responsables jouent un rôle clé dans cette évolution.

L'avenir du capitalisme dépendra de la manière dont la société, les gouvernements et les entreprises répondront à ces défis. Les réponses apportées aux questions liées à la technologie, à la fiscalité, à la santé, au bien-être économique et à l'environnement façonneront la trajectoire du capitalisme et détermineront sa capacité à contribuer au progrès économique et social.

1.3 - Le rôle des marchés et de la concurrence

Les marchés et la concurrence sont des éléments fondamentaux du capitalisme. Ils jouent un rôle essentiel dans l'organisation de l'économie, la distribution des biens et services, et l'efficacité du système. Cette section explorera en profondeur le rôle des marchés et de la concurrence dans le contexte du capitalisme, en se penchant sur les aspects suivants :

1.3.1 L'Allocation des Ressources par les Marchés

Au cœur du capitalisme, les marchés jouent un rôle central dans l'allocation des ressources. Cette allocation repose sur le concept fondamental de l'offre et de la demande, qui agit comme un moteur puissant de l'économie. Cette section se penche sur le fonctionnement de ce mécanisme, ses avantages et ses limites :

1.3.1.1 Le Concept de l'Offre et de la Demande :

L'offre et la demande sont les forces motrices du marché. L'offre représente la quantité d'un bien ou d'un service que les producteurs sont prêts à vendre à un certain prix, tandis que la demande représente la quantité que les consommateurs sont prêts à acheter à ce même prix. Lorsque l'offre et la demande se rencontrent, un équilibre est atteint, déterminant le prix et la quantité de biens échangés.

1.3.1.2 Mécanismes du Marché pour Déterminer les Prix et les Quantités :

Les marchés utilisent un mécanisme d'enchères implicite pour établir les prix et les quantités de biens et services. Lorsque la demande est supérieure à l'offre, les prix ont tendance à augmenter, incitant les producteurs à fournir davantage. En revanche, lorsque l'offre excède la demande, les prix ont tendance à diminuer, ce qui encourage les consommateurs à acheter davantage. Ce processus d'ajustement constant permet au marché de trouver un équilibre.

1.3.1.3 Avantages de l'Allocation des Ressources par les Marchés :

L'allocation des ressources par les marchés offre plusieurs avantages. Elle permet une répartition efficace des biens et services en fonction des besoins et des préférences des consommateurs. De plus, elle encourage l'efficacité en incitant les producteurs à produire ce qui est le plus demandé, à des coûts compétitifs. Les marchés favorisent également la diversification des biens et services, permettant une plus grande variété pour les consommateurs.

1.3.1.4 Limites de l'Allocation des Ressources par les Marchés :

Cependant, l'allocation des ressources par les marchés n'est pas sans limites. Elle peut entraîner des inégalités économiques, car les prix peuvent être prohibitifs pour certains. De plus, les marchés ne tiennent pas nécessairement compte des externalités négatives, telles que la pollution, qui peuvent être néfastes pour la société. Dans certains cas, les marchés peuvent également conduire à des monopoles ou à des oligopoles, réduisant ainsi la concurrence et l'efficacité.

L'allocation des ressources par les marchés est au cœur du capitalisme, mais elle nécessite une régulation et une gestion appropriées pour garantir qu'elle profite à l'ensemble de la société. Les mécanismes de marché offrent une efficacité économique considérable, mais il est également essentiel de prendre en compte les aspects sociaux et environnementaux pour assurer une répartition équitable et durable des ressources.

1.3.2 La Concurrence et l'Innovation

La concurrence joue un rôle fondamental dans le fonctionnement des marchés capitalistes, stimulant l'innovation, favorisant l'efficacité économique et offrant aux consommateurs un plus grand choix. Cette section explore en profondeur l'interaction entre la concurrence, l'innovation et les différents modèles de concurrence, tout en abordant les effets de la concentration du pouvoir économique sur ces dynamiques.

1.3.2.1 L'Importance de la Concurrence pour Stimuler l'Innovation et l'Efficacité :

La concurrence incite les entreprises à innover. Lorsqu'une entreprise est en concurrence avec d'autres pour attirer les clients, elle est encouragée à améliorer ses produits, à réduire ses coûts de production et à trouver des moyens de mieux satisfaire les besoins des consommateurs. Cette quête constante pour gagner des parts de marché pousse les entreprises à investir dans la recherche et le développement, à chercher des technologies de pointe et à innover dans leur manière de faire des affaires.

La concurrence favorise également l'efficacité économique. Les entreprises qui ne parviennent pas à être efficientes risquent de perdre des parts de marché face à leurs concurrentes. Cela incite les entreprises à optimiser leurs opérations, à minimiser les gaspillages et à fournir des produits de haute qualité à des prix concurrentiels. En fin de compte, les consommateurs bénéficient de coûts plus bas et d'une meilleure qualité des produits.

1.3.2.2 Les Modèles de Concurrence, y Compris la Concurrence Parfaite et la Concurrence Monopolistique :

Deux modèles de concurrence couramment étudiés sont la concurrence parfaite et la concurrence monopolistique :

1.3.2.2.1 La Concurrence Parfaite :

Ce modèle suppose de nombreux vendeurs et de nombreux acheteurs, une homogénéité des produits, une transparence du marché et l'absence de barrières à l'entrée. Dans un marché parfaitement concurrentiel, les entreprises sont des "price-takers" (elles acceptent le prix du marché) et n'ont aucun pouvoir de marché. Cela pousse les entreprises à être efficaces et à offrir des prix compétitifs.

1.3.2.2.2 La Concurrence Monopolistique :

Ce modèle suppose qu'il y a plusieurs vendeurs offrant des produits légèrement différents. Les entreprises ont un certain pouvoir de marché en raison de la différenciation de leurs produits. Cela peut encourager l'innovation et la recherche de niches de marché, mais cela peut aussi donner lieu à une concurrence moins intense qu'en cas de concurrence parfaite.

1.3.2.3 Les Effets de la Concentration du Pouvoir Économique sur la Concurrence et l'Innovation :

Lorsque le pouvoir économique est fortement concentré entre les mains de quelques grandes entreprises, cela peut avoir des conséquences sur la concurrence et l'innovation. Les entreprises dominantes peuvent être moins incitées à innover, car elles ont moins de concurrents pour les pousser à le faire. De plus, elles peuvent utiliser leur pouvoir pour entraver l'entrée de nouveaux concurrents sur le marché, ce qui réduit la concurrence.

La régulation antitrust vise à contrôler la concentration du pouvoir économique en empêchant la formation de monopoles et en surveillant les pratiques anticoncurrentielles. Cela vise à garantir que la concurrence reste active, que l'innovation est encouragée, et que les consommateurs bénéficient de choix et de prix compétitifs.

En résumé, la concurrence est un moteur essentiel de l'innovation et de l'efficacité dans le capitalisme. Différents modèles de concurrence influencent les dynamiques du marché, et la concentration du pouvoir économique peut avoir des conséquences significatives sur la concurrence et l'innovation, ce qui justifie la nécessité d'une régulation appropriée.

1.3.3 Les Rôles du Gouvernement dans la Régulation des Marchés

L'intervention du gouvernement dans les marchés joue un rôle essentiel pour garantir le bon fonctionnement de l'économie de marché. Cette section explore en détail les raisons de cette intervention, les politiques gouvernementales qui visent à promouvoir la concurrence, à protéger les consommateurs et à assurer l'équité économique, tout en examinant les débats sur le degré d'intervention gouvernementale dans l'économie de marché.

1.3.3.1 Les Raisons de l'Intervention Gouvernementale dans les Marchés :

1.3.3.1.1 Correction des Défaillances du Marché :

Les marchés ne sont pas toujours capables d'assurer une allocation efficace des ressources. Les défaillances du marché, telles que les externalités négatives (par exemple, la pollution), les monopoles naturels (où une seule entreprise est la plus efficace) et les informations asymétriques (lorsque les vendeurs ont plus d'informations que les acheteurs), justifient l'intervention gouvernementale pour rétablir l'efficacité.

1.3.3.1.2 Protection des Consommateurs :

Les gouvernements interviennent pour protéger les consommateurs contre des pratiques commerciales trompeuses, dangereuses ou abusives. Les normes de sécurité, les règles sur la publicité, et les réglementations sur les produits visent à assurer que les consommateurs ne sont pas lésés.

1.3.3.1.3 Promotion de la Concurrence :

La concurrence est essentielle pour stimuler l'innovation, réduire les prix et garantir un choix varié pour les consommateurs. Le gouvernement intervient pour empêcher la formation de monopoles, réguler les fusions et acquisitions, et promouvoir une concurrence saine.

1.3.3.2 Les Politiques Gouvernementales visant à Promouvoir la Concurrence, Protéger les Consommateurs et Assurer l'Équité Économique :

1.3.3.2.1 L'Antitrust et la Régulation Économique :

Les lois antitrust visent à empêcher la formation de monopoles et à réprimer les pratiques anticoncurrentielles. Les agences de régulation économique surveillent divers secteurs, tels que les télécommunications, l'énergie et les transports, pour garantir des marchés compétitifs.

1.3.3.2.2 Réglementation de la Sécurité et des Normes :

Les gouvernements établissent des normes de sécurité pour les produits et les services, veillent à ce que les entreprises respectent les normes environnementales et assurent la sécurité des travailleurs et des consommateurs.

1.3.3.2.3 Protection des Consommateurs :

Les lois sur la protection des consommateurs définissent les droits des consommateurs, réglementent la publicité trompeuse et les pratiques commerciales déloyales, et établissent des mécanismes de résolution des litiges.

1.3.3.3 Les Débats sur le Degré d'Intervention Gouvernementale dans l'Économie de Marché :

Les débats sur le degré d'intervention gouvernementale dans l'économie de marché sont courants et reflètent des visions politiques différentes. Certains estiment que le gouvernement devrait jouer un rôle plus actif pour garantir la protection des consommateurs, l'équité économique et la régulation des entreprises. D'autres soutiennent que la régulation excessive peut entraver l'efficacité et la croissance économique. Les gouvernements doivent donc équilibrer l'intervention nécessaire pour corriger les défaillances du marché tout en préservant la flexibilité du marché pour stimuler l'innovation et la concurrence.

En somme, l'intervention gouvernementale dans les marchés est un élément essentiel du capitalisme, visant à corriger les défaillances du marché, à protéger les consommateurs et à promouvoir la concurrence. Les politiques gouvernementales dans ce domaine sont au cœur de nombreux débats économiques et politiques.

2. Le Capitalisme au Service de la Prospérité

Bienvenue dans l'exploration passionnante du rôle central que le capitalisme peut jouer dans la création d'une prospérité partagée et durable. Notre chapitre, "Le Capitalisme au Service de la Prospérité," vous invite à un voyage au cœur du système économique qui a façonné notre monde moderne, suscité des triomphes incroyables, tout en suscitant des débats et des controverses profondes.

Le capitalisme, avec son moteur d'innovation et de croissance, a été un vecteur de progrès et d'opportunités pour des millions de personnes à travers le globe. Cependant, il a également été l'objet de critiques acerbes, notamment pour ses inégalités et son impact sur notre planète. Au fil de ces pages, nous examinerons de près les réussites, les revers, et les interrogations qui jalonnent le parcours du capitalisme.

Ce livre ne se limite pas à un simple état des lieux. Il se veut une réflexion constructive sur la manière dont le capitalisme peut être au service de tous, en favorisant une répartition plus équitable des fruits de la prospérité tout en préservant notre planète. Nous explorerons des idées novatrices, des études de cas inspirantes, et des exemples concrets de solutions qui montrent comment le capitalisme peut être une force pour le bien.

Il est temps de reconnaître que le capitalisme a un rôle vital à jouer dans la résolution des défis mondiaux tels que le changement climatique, la réduction des inégalités et la garantie de l'accès aux opportunités pour tous. Au lieu de le critiquer ou de le rejeter, nous nous engageons à le redéfinir, à l'améliorer, et à l'adapter à un monde en constante évolution.

Ce livre n'est pas seulement un appel à l'action pour les leaders, les innovateurs, ou les décideurs, mais aussi pour chaque citoyen. Nous croyons en la capacité du capitalisme à créer un avenir meilleur pour tous, et nous vous invitons à faire partie de cette vision.

"Le Capitalisme au Service de la Prospérité" est un rappel puissant de l'impact que nous pouvons avoir lorsque nous utilisons le capitalisme comme un outil au service de l'humanité. C'est un appel à nous unir pour construire un monde plus prospère, équitable et durable. Nous vous invitons à commencer ce voyage avec nous, car c'est ensemble que nous réaliserons cette vision d'un avenir meilleur.

Le capitalisme, moteur économique du monde moderne, a façonné notre société de multiples manières. Dans cet ouvrage, nous explorerons comment le capitalisme a contribué à la prospérité, tout en examinant ses défis et ses écueils. En plongeant dans l'histoire, l'économie et la culture, nous esquisserons un tableau complet du rôle du capitalisme dans l'élévation du niveau de vie, l'innovation et le bien-être de la population. Bienvenue dans "Le Capitalisme au Service de la Prospérité."

2.1 - Impact du capitalisme sur l'essor des premières industries

Au cours de cette section, nous examinerons de près l'influence du capitalisme sur le développement des premières industries. L'essor du capitalisme, en tant que système économique, a été étroitement lié à la croissance des industries et à la transformation de la production. Voici comment nous allons aborder cette question :

2.1.1 La Révolution Industrielle et le Capitalisme :

La Révolution Industrielle, qui a débuté vers la fin du XVIIIe siècle en Grande-Bretagne avant de se propager à travers le monde, a marqué un tournant majeur dans l'histoire de l'humanité. Elle a été caractérisée par un passage significatif de la production artisanale à la production industrielle, grâce à l'adoption de nouvelles technologies et de méthodes de fabrication révolutionnaires. Dans cette section, nous explorerons comment le capitalisme a joué un rôle central dans cette transformation.

2.1.1.1 Le Contexte de la Révolution Industrielle :

La Révolution Industrielle a été précédée par des avancées technologiques significatives, telles que l'invention de la machine à vapeur, la mécanisation de l'industrie textile et le perfectionnement des processus de production. Ces innovations ont permis une augmentation de la productivité et une production plus efficace de biens.

2.1.1.2 Le Rôle du Capitalisme :

Le capitalisme a fourni le cadre idéal pour l'essor de la Révolution Industrielle. Voici comment :

2.1.1.2.1 Investissement :

Le capitalisme a encouragé l'investissement dans les nouvelles technologies et les entreprises. Les entrepreneurs et les investisseurs privés ont vu dans ces innovations une opportunité de profit, ce qui a entraîné un flux de capitaux vers les industries émergentes.

2.1.1.2.2 Accumulation de Capital :

Le capitalisme a favorisé l'accumulation de capital, ce qui signifie que les entrepreneurs pouvaient mobiliser des ressources financières considérables pour développer leurs entreprises. Cela leur a permis d'acquérir des machines, d'engager de la main-d'œuvre et de construire des usines à grande échelle.

2.1.1.2.3 Innovation :

La recherche de profit, un pilier du capitalisme, a incité les entrepreneurs à innover. Ils ont cherché constamment des moyens d'améliorer la productivité, de réduire les coûts et d'offrir de nouveaux produits sur le marché. Cette quête d'innovation a alimenté la croissance de l'industrie.

2.1.1.3 Conséquences de l'Industrialisation Capitaliste :

L'industrialisation capitaliste a eu des conséquences profondes sur la société. Elle a contribué à la croissance économique, à l'augmentation de la production de biens, à l'amélioration du niveau de vie pour de nombreux citoyens et à la création de nouvelles opportunités d'emploi. Cependant, elle a également posé des défis, notamment en ce qui concerne les conditions de travail, les inégalités de revenus et les transformations sociales.

En résumé, la Révolution Industrielle a été un tournant majeur dans l'histoire économique, marqué par des avancées technologiques et le passage à la production industrielle. Le capitalisme a joué un rôle central en stimulant l'investissement, l'accumulation de capital et l'innovation, ce qui a façonné le monde moderne et ses économies industrielles.

2.1.2 Le Financement des Entreprises et des Infrastructures :

Le rôle du capitalisme dans le financement des entreprises et des infrastructures a été crucial pour le développement des premières industries. Ce processus a été marqué par la mobilisation de capitaux significatifs pour soutenir la croissance économique. Voici comment le capitalisme a fourni le capital nécessaire et a favorisé l'expansion des secteurs clés tels que le textile, la sidérurgie et les chemins de fer :

2.1.2.1 Investissements dans les Entreprises :

Le capitalisme a permis la collecte de capitaux à grande échelle auprès d'investisseurs privés et institutionnels. Ces capitaux ont été canalisés vers des entreprises industrielles naissantes. Les entrepreneurs, souvent encouragés par la perspective de profit, ont pu lever des fonds pour établir ou développer leurs activités. Cela a favorisé la création d'entreprises industrielles, chacune cherchant à tirer profit des opportunités offertes par le capitalisme émergent.

2.1.2.2 Industrie Textile :

Le secteur textile a été l'un des premiers à profiter de l'investissement capitalistique massif. Les capitaux ont été utilisés pour l'achat de métiers à tisser mécaniques, de filatures et d'usines de textile. Cela a permis d'accroître considérablement la capacité de production de textiles, réduisant les coûts de fabrication et stimulant la demande pour les produits textiles.

2.1.2.3 Sidérurgie :

Le capitalisme a également contribué à l'essor de l'industrie sidérurgique. Les investissements massifs ont été dirigés vers la construction de hauts-fourneaux, d'aciéries et de laminoirs. Ces installations ont permis une production d'acier à grande échelle, nécessaire pour la fabrication de machines, de chemins de fer et de matériaux de construction.

2.1.2.4 Développement des Chemins de Fer :

Le capitalisme a joué un rôle majeur dans le développement des chemins de fer. Les investissements dans la construction de voies ferrées, la mise en service de locomotives à vapeur et la création de compagnies ferroviaires ont ouvert de nouvelles opportunités de transport et de commerce à travers les pays. Cela a également favorisé l'urbanisation en reliant les zones rurales aux centres urbains.

2.1.2.5 Augmentation de la Production et de la Création d'Emplois :

Les capitaux investis dans ces industries clés ont déclenché une augmentation spectaculaire de la production, stimulant la croissance économique. La mécanisation et l'industrialisation ont permis une augmentation de la productivité, la création de biens à moindre coût et la diversification des produits. En conséquence, de nouveaux emplois ont été créés dans les usines, attirant une main-d'œuvre croissante vers les centres industriels en quête d'opportunités de travail.

Ce rôle du capitalisme dans le financement des entreprises et des infrastructures a été essentiel pour la transition vers une économie industrielle. Le capitalisme a fourni les ressources nécessaires pour l'expansion des industries clés, favorisant ainsi la croissance économique et la création d'emplois à grande échelle. Cependant, ce processus a également soulevé des questions sur les inégalités de richesse, les conditions de travail et la régulation des entreprises, des sujets que nous explorerons plus en détail dans les sections suivantes.

2.1.3 Impact sur la Main-d'Œuvre et les Conditions de Travail :

L'essor des industries, stimulé par le capitalisme naissant, a profondément transformé la main-d'œuvre et les conditions de travail. Cette transformation a eu des répercussions significatives sur la vie des travailleurs et a suscité des débats importants sur la justice sociale et les droits des travailleurs. Voici comment cette transition s'est déroulée :

2.1.3.1 Changements dans les Conditions de Travail :

Avec l'avènement des premières industries, les conditions de travail ont subi des changements majeurs. Les ouvriers ont été confrontés à des journées de travail plus longues, souvent dans des environnements industriels dangereux. Les machines ont été introduites, modifiant radicalement la nature du travail manuel. La division du travail, caractéristique de l'industrialisation, a souvent réduit les tâches à des opérations simples et répétitives.

2.1.3.2 Urbanisation et Migration :

L'essor des industries a entraîné une migration massive des travailleurs des zones rurales vers les centres industriels, créant ainsi un phénomène d'urbanisation rapide. Cette migration a eu des conséquences sur la vie familiale, la culture et les conditions de logement. Les travailleurs se sont souvent installés dans des quartiers ouvriers surpeuplés, confrontés à des conditions de vie précaires.

2.1.3.3 Exploitation Ouvrière et Luttes pour les Droits des Travailleurs :

L'exploitation des travailleurs est devenue une réalité incontournable dans de nombreuses industries. Les heures de travail excessives, les bas salaires et les conditions de travail dangereuses étaient monnaie courante. Face à ces conditions difficiles, les travailleurs ont commencé à s'organiser et à former des syndicats pour défendre leurs droits. Les grèves et les mouvements ouvriers sont devenus des moyens essentiels de revendication pour de meilleures conditions de travail.

2.1.3.4 Réponses Réglementaires :

En réponse aux pressions des travailleurs et aux préoccupations croissantes concernant les conditions de travail, les gouvernements ont commencé à mettre en place des réglementations du travail. Ces réglementations ont établi des normes minimales en matière de salaire, d'heures de travail et de sécurité au travail. Elles ont également contribué à limiter l'âge auquel les enfants pouvaient être employés, protégeant ainsi la jeunesse ouvrière.

Cette période a marqué un tournant dans la façon dont les travailleurs étaient traités et a jeté les bases des mouvements syndicaux et des réglementations du travail qui continueraient à évoluer au fil du temps. L'interaction entre le capitalisme, l'industrialisation et la main-d'œuvre a façonné le paysage économique et social de l'époque, suscitant des débats importants sur les droits des travailleurs et l'équité.

2.1.4 Les Répercussions Sociales et Économiques :

L'essor des premières industries, sous l'impulsion du capitalisme naissant, a engendré un certain nombre de répercussions à la fois sur le plan social et économique. Cette section mettra en lumière ces conséquences significatives, allant de la croissance économique à l'évolution du niveau de vie, tout en abordant les inégalités grandissantes entre les entrepreneurs et les travailleurs.

2.1.4.1 Croissance Économique :

L'une des conséquences les plus visibles de l'essor des industries sous l'égide du capitalisme a été la croissance économique rapide. La mécanisation, la spécialisation de la production et l'augmentation de la productivité ont conduit à une augmentation spectaculaire de la production industrielle. Cette croissance a généré des emplois et a stimulé les investissements, contribuant ainsi de manière significative à l'expansion économique.

2.1.4.2 Élévation du Niveau de Vie :

L'essor des industries a également eu un impact direct sur le niveau de vie de nombreuses personnes. Les progrès technologiques et l'augmentation de la production ont permis une plus grande disponibilité de biens de consommation. Les travailleurs ont pu accéder à des biens et des services qui étaient auparavant inabordables. Cette amélioration du niveau de vie a été particulièrement notable dans les pays industrialisés.

2.1.4.3 Urbanisation Rapide :

Le développement des industries a entraîné une urbanisation rapide. Les usines et les entreprises ont attiré un grand nombre de travailleurs vers les centres industriels, créant des villes en expansion rapide. Cela a transformé la structure démographique de nombreuses régions, avec des populations de plus en plus concentrées dans les zones urbaines.

2.1.4.4 Inégalités Croissantes :

Cependant, cette croissance économique n'a pas été uniformément répartie. Les entrepreneurs et les propriétaires d'entreprises ont généralement bénéficié davantage de la croissance que les travailleurs. Les inégalités de revenus se sont creusées, créant des écarts économiques de plus en plus marqués entre les différentes classes sociales. Les conditions de travail souvent difficiles et les bas salaires des travailleurs ont contribué à ces inégalités.

En résumé, l'essor des premières industries soutenu par le capitalisme a eu des répercussions significatives sur la société et l'économie. Il a favorisé la croissance économique, l'élévation du niveau de vie pour de nombreux individus, tout en entraînant une urbanisation rapide. Cependant, cette expansion économique s'est accompagnée d'inégalités croissantes entre les entrepreneurs et les travailleurs, soulevant des questions importantes sur l'équité et la répartition des avantages de cette révolution industrielle.

2.1.5 Le Rôle du Capital-Risque et de l'Entrepreneuriat :

Le développement des premières industries a été profondément influencé par le rôle crucial du capital-risque, de l'entrepreneuriat et de l'innovation. Cette section examine comment le capitalisme a créé un environnement propice à l'investissement dans de nouvelles entreprises et technologies, contribuant ainsi de manière significative à l'essor industriel.

2.1.5.1 L'Entrepreneuriat comme Moteur de l'Innovation :

L'entrepreneuriat a joué un rôle central dans le développement industriel. Les entrepreneurs étaient des individus audacieux prêts à prendre des risques pour investir dans de nouvelles idées, de nouveaux produits ou de nouvelles méthodes de production. Le capitalisme a encouragé cette mentalité d'entreprise en récompensant les innovateurs avec des opportunités de profit et en permettant aux entrepreneurs de conserver une part importante de leurs gains.

2.1.5.2 Le Capital-Risque pour Soutenir l'Innovation :

Le capital-risque est un élément essentiel de l'entrepreneuriat. Il représente des investissements financiers dans des entreprises naissantes ou des projets innovants. Les investisseurs en capital-risque prennent des risques importants en finançant des entreprises à un stade précoce, où les chances de réussite ne sont pas garanties. Cependant, ces investissements ont souvent été récompensés par d'énormes retours financiers en cas de succès.

2.1.5.3 Innovation Technologique et Disruption Industrielle :

Le capitalisme a favorisé l'innovation technologique en récompensant les innovateurs par des profits. Les avancées technologiques, telles que la machine à vapeur, le télégraphe et plus tard l'électricité, ont révolutionné la production industrielle. Ces innovations ont entraîné des changements significatifs dans la manière dont les industries fonctionnaient, améliorant l'efficacité, augmentant la production et créant de nouveaux marchés.

2.1.5.4 Création d'Emplois et de Richesses :

L'entrepreneuriat et l'innovation ont conduit à la création d'entreprises prospères, générant des emplois et de la richesse. Ces entreprises ont contribué à l'urbanisation en attirant une main-d'œuvre rurale vers les centres industriels. L'essor de ces entreprises a également stimulé l'économie en augmentant la production et les échanges commerciaux.

2.1.5.5 Risques et Récompenses :

Le capitalisme a encouragé les individus à prendre des risques en investissant dans de nouvelles entreprises et technologies. Cependant, cela a également entraîné des pertes considérables pour certains entrepreneurs. Le capitalisme repose sur la notion que les récompenses financières sont proportionnelles aux risques encourus, incitant ainsi à l'innovation et à la création d'entreprises.

En somme, le capitalisme a créé un environnement propice à l'entrepreneuriat, à l'innovation et à l'investissement dans de nouvelles technologies. Cela a été un moteur majeur du développement industriel, contribuant à façonner le monde tel que nous le connaissons aujourd'hui. Les entrepreneurs et les investisseurs en capital-risque ont joué un rôle crucial dans la transformation des premières industries et ont ouvert la voie à une ère de progrès économique et technologique.

2.2 - Financement des infrastructures (routes, hôpitaux, etc.) grâce au capitalisme

Cette section se penche sur le rôle essentiel du capitalisme dans le financement des infrastructures, telles que les routes, les hôpitaux et d'autres installations publiques. L'interaction entre le capitalisme et ces projets d'infrastructure a été cruciale pour le développement économique et social. Voici comment cette question sera explorée :

2.2.1 Le Financement des Projets d'Infrastructures :

Le financement des projets d'infrastructures constitue l'un des aspects les plus complexes et cruciaux du développement économique et social. Ces projets, qu'il s'agisse de la construction de routes, de ponts, d'hôpitaux, d'écoles, d'aéroports ou d'autres installations publiques, impliquent souvent des coûts considérables en capital. Dans cette section, nous explorerons les défis liés à leur financement et comment le capitalisme a joué un rôle central pour mobiliser les ressources financières nécessaires.

2.2.1.1 La Complexité du Financement des Infrastructures :

Les projets d'infrastructures sont généralement caractérisés par leur coût élevé, leur longue durée de vie et leur nécessité de servir l'intérêt public. Financer de telles entreprises est souvent au-delà des capacités financières du secteur public seul. Les gouvernements peuvent faire face à des contraintes budgétaires, et les fonds publics peuvent être insuffisants pour couvrir les investissements nécessaires.

2.2.1.2 Le Rôle du Capitalisme dans la Mobilisation de Ressources :

Le capitalisme a apporté une solution essentielle à ces défis financiers. Il a permis de mobiliser des investisseurs privés et publics pour financer ces projets. Les investisseurs privés, tels que des entreprises, des fonds de pension ou des investisseurs individuels, sont attirés par les opportunités de profit que ces projets offrent. Ils sont prêts à investir leur capital dans des projets d'infrastructures en échange de rendements financiers futurs, tels que des revenus de péage sur les routes, des loyers d'installations ou des paiements gouvernementaux.

2.2.1.3 Les Partenariats Public-Privé (PPP) :

Un mécanisme clé dans le financement des infrastructures est le partenariat public-privé (PPP). Ces accords impliquent une collaboration entre le secteur public et des entités privées pour concevoir, financer, construire, exploiter et entretenir des infrastructures. Les gouvernements peuvent bénéficier de l'expertise et des ressources financières du secteur privé, tandis que les investisseurs privés ont l'opportunité de générer des revenus à partir de ces projets. Les PPP ont été utilisés avec succès dans le financement de projets tels que la construction d'autoroutes à péage, d'installations énergétiques et de centres de soins de santé.

2.2.1.4 La Rentabilité et les Retours sur Investissement :

Le capitalisme motive les investisseurs à participer au financement d'infrastructures en offrant la perspective de rendements financiers. Les investisseurs privés évaluent la rentabilité potentielle des projets, en prenant en compte les coûts d'investissement, les revenus futurs et les risques associés. Cette orientation vers la rentabilité contribue à garantir que les projets d'infrastructures sont gérés de manière efficace, dans le but de maximiser les retours sur investissement.

2.2.1.5 L'Impact sur le Développement Économique et Social :

En mobilisant des ressources financières, le capitalisme facilite la réalisation de projets d'infrastructures qui ont un impact significatif sur le développement économique et social. Les routes améliorent la connectivité, facilitent le commerce et stimulent l'activité économique. Les hôpitaux et les écoles renforcent l'accès aux soins de santé et à l'éducation, améliorant ainsi le bien-être de la population.

2.2.1.6 Les Défis Environnementaux et Sociaux :

Cependant, le financement des infrastructures via le capitalisme n'est pas sans défis. Il peut soulever des questions environnementales, telles que l'impact sur les écosystèmes locaux, et des préoccupations sociales, notamment l'accès équitable à ces installations. La durabilité et la prise en compte des intérêts publics sont des éléments essentiels de la planification et de la gestion de ces projets.

En somme, le capitalisme a joué un rôle crucial dans la mobilisation des ressources financières nécessaires pour financer des projets d'infrastructures coûteux. Cette collaboration entre le secteur public et privé a été essentielle pour le développement économique et social, bien que cela soulève également des défis qui nécessitent une gestion attentive.

2.2.2 Les Partenariats Public-Privé (PPP) : Une Collaboration Clé pour le Financement des Infrastructures

Les partenariats public-privé (PPP) sont devenus un outil essentiel pour le financement, la conception, la construction, l'exploitation et la maintenance d'infrastructures essentielles. Ils permettent une collaboration étroite entre le secteur public et des entités privées pour réaliser des projets d'infrastructures d'envergure. Cette section explore en profondeur les PPP et leur rôle central dans le financement des infrastructures.

2.2.2.1 Comprendre les PPP :

Les PPP sont des accords contractuels dans lesquels le secteur public (généralement représenté par un gouvernement) s'associe à des entités privées (telles que des entreprises, des investisseurs ou des consortiums) pour développer des projets d'infrastructures. Ces projets peuvent inclure la construction d'autoroutes, de ponts, d'hôpitaux, d'écoles, de réseaux d'énergie ou d'installations de traitement des eaux.

2.2.2.2 Les Étapes d'un PPP :

Les PPP passent par plusieurs étapes, de la conception à l'exploitation. Les étapes typiques comprennent :

2.2.2.2.1 Conception et Planification :

Les parties prenantes définissent les spécifications du projet, ses objectifs et ses coûts prévus.

2.2.2.2.2 Financement :

Les partenaires privés fournissent une part importante du financement, souvent sous forme de capitaux propres et de prêts, tandis que le secteur public peut apporter des financements complémentaires.

2.2.2.2.3 Construction :

Les partenaires privés prennent en charge la construction de l'infrastructure conformément aux spécifications convenues.

2.2.2.2.4 Exploitation et Maintenance :

Les partenaires privés sont souvent responsables de l'exploitation et de la maintenance continues de l'infrastructure sur une période définie, parfois des décennies.

2.2.2.2.5 Transfert ou Retour au Secteur Public :

À la fin de la période du contrat, l'infrastructure peut être transférée au secteur public ou rester sous gestion privée.

2.2.2.3 Les Avantages des PPP :

Les PPP offrent plusieurs avantages. Ils permettent d'accéder aux ressources financières du secteur privé pour des projets coûteux sans grever les finances publiques. De plus, les partenaires privés apportent souvent une expertise en gestion, en exploitation et en maintenance, ce qui peut contribuer à une utilisation plus efficace des infrastructures. Les PPP peuvent également réduire les risques pour le secteur public, car les partenaires privés assument une part importante de la responsabilité.

2.2.2.4 Les Défis et les Controverses :

Malgré leurs avantages, les PPP suscitent également des préoccupations. Certains critiques soulignent que les partenaires privés cherchent à maximiser leurs profits, ce qui peut entraîner des coûts élevés pour le secteur public, notamment dans le cadre de péages sur les autoroutes ou de tarifs de services publics. De plus, la complexité des contrats de PPP peut rendre leur gouvernance et leur supervision difficiles.

2.2.2.5 Exemples de PPP Réussis :

Nous examinerons des exemples de PPP réussis à travers le monde, tels que le modèle de péage pour le financement d'autoroutes aux États-Unis, les partenariats pour la construction d'infrastructures énergétiques en Europe et les partenariats pour le développement d'infrastructures de transport en Asie.

En résumé, les partenariats public-privé jouent un rôle clé dans le financement des infrastructures, en combinant les avantages du secteur public et privé pour réaliser des projets d'infrastructures essentielles. Ils offrent des solutions novatrices pour répondre aux besoins de développement économique et social. Cependant, une gestion appropriée et une gouvernance efficace sont essentielles pour garantir que ces partenariats bénéficient à la collectivité dans son ensemble.

2.2.3 L'Impact sur le Développement Économique :

Le financement des infrastructures grâce au capitalisme a eu un impact significatif sur le développement économique. Les routes, les ponts, les hôpitaux et d'autres installations ont contribué de manière significative à la croissance économique, et ce, de plusieurs manières cruciales :

2.2.3.1 Amélioration de la Mobilité :

Les infrastructures de transport, telles que les routes et les ponts, ont permis d'améliorer la mobilité des personnes et des marchandises. Cela a réduit les obstacles géographiques et favorisé les échanges commerciaux. Les entreprises ont pu élargir leurs marchés et atteindre de nouveaux clients, ce qui a stimulé la croissance économique.

2.2.3.2 Réduction des Coûts de Transport :

Les infrastructures de transport efficaces ont permis de réduire les coûts de transport, ce qui a eu un impact majeur sur l'économie. Les entreprises ont économisé sur les frais de logistique et ont pu proposer des prix plus compétitifs. Les coûts de transport moins élevés ont également favorisé la mobilité de la main-d'œuvre, augmentant la flexibilité de l'emploi et stimulant la productivité.

2.2.3.3 Stimulation du Commerce :

Les infrastructures de transport ont facilité le commerce à l'échelle nationale et internationale. Les échanges commerciaux se sont intensifiés, favorisant le développement des marchés. Les entreprises ont pu accéder à une plus grande variété de biens et de matières premières, ce qui a contribué à la diversification de l'économie.

2.2.3.4 Renforcement de l'Accès aux Soins de Santé :

Les hôpitaux et les infrastructures de santé financées par le capitalisme ont amélioré l'accès aux soins de santé pour les populations. Les soins médicaux de qualité sont essentiels pour maintenir la main-d'œuvre en bonne santé et productive. L'amélioration de la santé publique a également réduit les absences au travail, contribuant ainsi à une économie plus robuste.

2.2.3.5 Création d'Emplois et de Croissance Économique :

La construction et l'entretien des infrastructures ont généré des emplois, ce qui a eu un impact direct sur la croissance économique. Les projets d'infrastructures ont soutenu de nombreux emplois dans le secteur de la construction, de l'ingénierie et de la gestion de projets.

2.2.3.6 Investissement dans l'avenir :

Les infrastructures sont un investissement à long terme dans l'avenir de l'économie. Elles créent un environnement propice aux affaires, favorisent la croissance et améliorent la qualité de vie. Les infrastructures de qualité sont également attrayantes pour les investisseurs nationaux et étrangers, renforçant ainsi l'économie nationale.

En résumé, le financement des infrastructures grâce au capitalisme a joué un rôle crucial dans le développement économique en améliorant la mobilité, en réduisant les coûts de transport, en stimulant le commerce et en renforçant l'accès aux soins de santé. Ces avantages ont contribué à la croissance économique et au bien-être général des sociétés qui ont investi dans ces projets d'infrastructure.

2.2.4 Les Défis et les Controverses :

Bien que le financement des infrastructures par le biais du capitalisme ait apporté d'importants avantages économiques, il a également généré des défis et des controverses qui méritent une attention particulière. Cette section se penchera sur certains des problèmes clés associés à cette approche, notamment :

2.2.4.1 Financement Durable :

Un des principaux défis réside dans la durabilité du financement des infrastructures. Les projets d'infrastructures nécessitent un financement continu pour leur entretien et leur modernisation. Cependant, la capacité des gouvernements et des entreprises privées à maintenir un financement adéquat sur le long terme peut être incertaine. Les défis liés à la maintenance et au renouvellement des infrastructures sont essentiels pour garantir leur pérennité.

2.2.4.2 Inégalités dans l'Accès aux Infrastructures :

Une autre préoccupation concerne les inégalités dans l'accès aux infrastructures. Les investissements en infrastructures sont parfois ciblés de manière inégale, favorisant les zones urbaines ou les régions déjà prospères au détriment des régions rurales ou défavorisées. Cela peut aggraver les disparités économiques et sociales.

2.2.4.3 Préoccupations Environnementales :

Le développement d'infrastructures peut avoir un impact sur l'environnement, notamment par la déforestation, la pollution de l'air et de l'eau, et la fragmentation des écosystèmes. Les projets d'infrastructures doivent être conçus et gérés de manière à minimiser leur empreinte environnementale. Cela peut entraîner des coûts supplémentaires et des controverses liées à l'utilisation des ressources naturelles.

2.2.4.4 Coûts et Retards :

Les projets d'infrastructures peuvent souvent être sujets à des dépassements de coûts et à des retards importants. Les entreprises privées impliquées dans les partenariats public-privé cherchent souvent à maximiser leurs bénéfices, ce qui peut parfois entraîner des coûts plus élevés pour les gouvernements et des retards dans la réalisation des projets.

2.2.4.5 Besoin de Réglementation :

Pour faire face à ces problèmes, une réglementation efficace est nécessaire. Les gouvernements doivent mettre en place des mécanismes pour surveiller et réguler les projets d'infrastructures financés par le capitalisme. Cela inclut la fixation de normes environnementales, la garantie de l'équité dans l'accès aux infrastructures et la gestion transparente des contrats de partenariats public-privé.

Impliquer le public dans le processus de planification et de prise de décision concernant les infrastructures est crucial. Cela permet de garantir que les intérêts des citoyens sont pris en compte et que les projets répondent aux besoins de la collectivité.

En somme, le financement des infrastructures grâce au capitalisme comporte des avantages économiques significatifs, mais il est également confronté à des défis complexes liés à la durabilité, aux inégalités, aux préoccupations environnementales, aux coûts et aux retards. La gestion appropriée de ces défis est essentielle pour tirer le meilleur parti de l'investissement dans les infrastructures tout en minimisant les inconvénients potentiels.

2.2.5 Les Exemples Historiques et Contemporains :

Nous pouvons illustrer les concepts précédemment abordés en examinant des exemples historiques et contemporains de financement d'infrastructures par le capitalisme.

2.2.5.1 Exemples Historiques :

- Le Chemin de Fer Transcontinental aux États-Unis (XIXe siècle) :
L'un des exemples les plus emblématiques est la construction du chemin de fer transcontinental aux États-Unis au XIXe siècle. Ce projet colossal a été financé par des investisseurs privés, notamment des entreprises ferroviaires, qui ont vu une opportunité de profit en reliant l'Est et l'Ouest du pays. Cette infrastructure a révolutionné le transport de marchandises et de passagers, stimulant le commerce et l'expansion vers l'Ouest.

2.2.5.2 Exemples Contemporains :

- Les Autoroutes à Péage en Europe :
En Europe, de nombreux pays ont opté pour des partenariats public-privé pour la construction et l'entretien d'autoroutes à péage. Les sociétés privées investissent dans la construction des autoroutes en échange du droit de percevoir des péages auprès des conducteurs. Cela permet de financer les infrastructures tout en offrant des opportunités de profit aux investisseurs privés.

- Les Projets d'Énergie Renouvelable :
Plus récemment, les projets d'énergie renouvelable, tels que les parcs éoliens et les centrales solaires, ont été développés grâce au financement privé. Les investisseurs privés voient un potentiel de profit dans la production d'énergie propre, ce qui contribue à réduire les émissions de gaz à effet de serre et à promouvoir la durabilité.

Ces exemples historiques et contemporains illustrent comment le capitalisme a été un moteur essentiel du financement d'infrastructures. Ils démontrent également que le capitalisme peut être un moyen efficace de mobiliser des ressources financières pour des projets d'infrastructures majeurs, tout en suscitant des débats sur les avantages et les inconvénients de ces approches de financement.

2.3 - Contribution du capitalisme à la recherche scientifique

Cette section examine le rôle du capitalisme dans le soutien et le financement de la recherche scientifique. Le capitalisme a joué un rôle essentiel dans la promotion de la recherche, de l'innovation et de la découverte scientifique. Voici comment nous allons aborder ce sujet :

2.3.1 L'Investissement Privé dans la Recherche :

L'investissement privé dans la recherche et le développement (R&D) est l'un des moteurs essentiels de l'innovation scientifique et technologique. Dans cette section, nous explorerons comment les entreprises privées ont massivement investi dans la R&D grâce aux incitations du capitalisme.

2.3.1.1 La Course à l'Innovation :

Les entreprises privées opèrent dans un environnement concurrentiel où être à la pointe de l'innovation est souvent essentiel pour rester compétitives. Dans un marché où les consommateurs recherchent constamment de nouveaux produits, des améliorations de la technologie et des solutions novatrices, les entreprises sont incitées à investir dans la R&D. Cela les pousse à consacrer des ressources considérables à la recherche.

2.3.1.2 Création de Nouveaux Produits :

L'un des principaux objectifs de la R&D pour les entreprises est la création de nouveaux produits ou services. Cette innovation peut permettre à une entreprise de proposer quelque chose de nouveau sur le marché, ce qui peut lui conférer un avantage concurrentiel significatif. Les entreprises sont donc motivées par la perspective de générer des revenus supplémentaires grâce à ces produits novateurs.

2.3.1.3 Amélioration des Technologies Existantes :

L'investissement dans la R&D ne se limite pas à la création de nouveaux produits. Les entreprises cherchent également à améliorer les technologies existantes. Cela peut se traduire par des mises à jour de produits, des gains d'efficacité et des économies de coûts, renforçant ainsi leur compétitivité.

2.3.1.4 Les Brevets et la Propriété Intellectuelle :

Dans un système capitaliste, les entreprises peuvent obtenir des avantages financiers à partir de la R&D grâce à la protection de la propriété intellectuelle, tels que les brevets. Cette protection leur accorde des droits exclusifs sur leurs découvertes, ce qui peut se traduire par des opportunités de profit à long terme.

2.3.1.5 Les Secteurs Clés de la R&D :

Plusieurs secteurs sont particulièrement actifs en matière de R&D, notamment la technologie de l'information, la biotechnologie, la pharmacie, l'aérospatiale, l'énergie, et bien d'autres. Ces industries investissent des milliards dans la recherche pour développer de nouvelles technologies, de nouveaux médicaments, de nouvelles solutions énergétiques, et bien plus encore.

2.3.1.6 Externalisation de la R&D :

De nombreuses entreprises externalisent également leur R&D en collaborant avec des laboratoires de recherche, des startups ou d'autres entreprises spécialisées. Cette collaboration permet aux entreprises d'accéder à l'expertise externe tout en minimisant les coûts internes.

2.3.1.7 La Recherche à Long Terme :

Le capitalisme permet aux entreprises de s'engager dans la recherche à long terme, en prenant en compte les avantages futurs. Par exemple, une entreprise peut investir dans la recherche fondamentale qui ne rapportera pas de profits immédiats, mais qui pourrait ouvrir la voie à des avancées majeures dans le futur.

En résumé, l'investissement privé dans la R&D est un pilier central du capitalisme, stimulant l'innovation, la création de nouveaux produits et l'amélioration des technologies existantes. Cette dynamique contribue non seulement à la compétitivité des entreprises, mais aussi aux progrès scientifiques et technologiques qui bénéficient à la société dans son ensemble.

2.3.2 Les Incitations à l'Innovation :

Dans un système capitaliste, les incitations économiques jouent un rôle essentiel pour motiver les scientifiques, les chercheurs et les innovateurs à s'engager dans des activités de recherche et de développement (R&D). Les incitations varient en fonction de la nature de l'innovation et du domaine de la recherche, mais elles ont généralement un impact positif sur la création de nouvelles connaissances et de technologies avancées. Voici comment ces incitations fonctionnent :

2.3.2.1 Brevets et Droits de Propriété Intellectuelle :

Les brevets et les droits de propriété intellectuelle sont l'un des mécanismes clés qui encouragent l'innovation dans un système capitaliste. Lorsqu'un chercheur ou une entreprise développe une nouvelle technologie ou une invention, elle peut déposer un brevet pour protéger ses droits de propriété intellectuelle. Cela signifie que pendant une période déterminée (généralement 20 ans), personne d'autre ne peut utiliser, fabriquer ou vendre cette invention sans l'autorisation du titulaire du brevet. Cette exclusivité incite les innovateurs à investir du temps et des ressources dans la recherche et le développement de nouvelles idées, car ils espèrent obtenir un retour sur investissement une fois que leur invention sera sur le marché.

2.3.2.2 Opportunités de Développement Commercial :

Dans un système capitaliste, il existe de nombreuses opportunités de développement commercial pour les innovateurs. Les entreprises, petites ou grandes, recherchent constamment des produits ou des technologies innovants qui leur conféreront un avantage concurrentiel sur le marché. Les scientifiques et les chercheurs qui peuvent créer des solutions innovantes ont la possibilité de collaborer avec des entreprises pour développer, produire et commercialiser leurs inventions. Cela peut se traduire par des partenariats commerciaux, des accords de licence ou même la création de startups. Ces opportunités de développement commercial offrent des incitations financières aux innovateurs pour transformer leurs idées en produits ou services qui répondent aux besoins du marché.

2.3.2.3 Réputation et Reconnaissance :

L'excellence en matière de recherche est souvent récompensée par la reconnaissance de ses pairs et de la communauté scientifique. Les chercheurs et les innovateurs qui réalisent des avancées significatives dans leur domaine acquièrent une réputation qui peut ouvrir de nouvelles opportunités de financement, de collaboration et de recherche. Cette reconnaissance peut être un puissant moteur pour encourager la poursuite de la recherche de pointe.

2.3.2.4 Compétition et Marché du Travail :

La compétition sur le marché du travail est un autre facteur qui renforce les incitations à l'innovation. Les chercheurs talentueux sont en demande, et les entreprises sont prêtes à offrir des rémunérations attractives pour attirer et retenir des talents scientifiques. Cela incite les individus à poursuivre des carrières axées sur la recherche et l'innovation.

En résumé, les incitations économiques jouent un rôle fondamental dans la promotion de l'innovation et de la recherche scientifique dans un système capitaliste. Les brevets, les droits de propriété intellectuelle, les opportunités de développement commercial, la réputation et la compétition sur le marché du travail créent un environnement propice à la recherche et à la découverte de nouvelles idées et technologies. Ces incitations encouragent les innovateurs à s'engager dans des projets de R&D, à explorer de nouvelles voies et à contribuer de manière significative au progrès scientifique et technologique.

2.3.3 Les Instituts de Recherche Privée :

Le rôle des instituts de recherche privée dans la promotion de la recherche scientifique est un aspect crucial de l'influence du capitalisme sur l'innovation. Ces instituts sont des organismes de recherche indépendants, souvent affiliés à des entreprises ou à des consortiums d'entreprises, qui se consacrent à des domaines spécifiques de recherche et de développement. Voici quelques points clés à considérer :

2.3.3.1 Collaboration Étroite avec le Secteur Privé :

Les instituts de recherche privée sont étroitement liés au secteur privé et travaillent en collaboration étroite avec les entreprises. Leur mission est de résoudre des problèmes complexes, d'innover et de développer de nouvelles technologies qui bénéficieront à leurs partenaires commerciaux. Ils sont financés par des entreprises et, en retour, sont responsables de la recherche de solutions aux défis et aux opportunités que ces entreprises rencontrent.

2.3.3.2 Objectifs de Profitabilité :

Contrairement à de nombreuses institutions académiques, les instituts de recherche privée ont des objectifs de profitabilité. Ils cherchent à créer de la valeur pour leurs investisseurs ou les entreprises qui les financent. Cela crée une incitation supplémentaire à générer des résultats tangibles et à traduire les découvertes en produits ou en services commercialisables.

2.3.3.3 Spécialisation :

Ces instituts sont souvent spécialisés dans des domaines de recherche spécifiques. Par exemple, un institut peut se concentrer sur la recherche pharmaceutique, la recherche en intelligence artificielle ou la recherche en énergie renouvelable. Cette spécialisation permet une expertise pointue dans des domaines cruciaux pour l'innovation technologique.

2.3.3.4 Concurrence et Collaboration :

Bien que les instituts de recherche privée puissent être en concurrence les uns avec les autres, ils collaborent souvent sur des projets de recherche complexes qui nécessitent une expertise multidisciplinaire. Cette collaboration peut conduire à des avancées significatives dans la science et la technologie.

2.3.3.5 Protection de la Propriété Intellectuelle :

Les instituts de recherche privée sont souvent chargés de protéger la propriété intellectuelle découlant de leurs travaux de recherche. Cela inclut la soumission de brevets et la sécurisation des droits sur les découvertes. La protection de la propriété intellectuelle est cruciale pour garantir que les investissements en R&D génèrent des rendements pour les investisseurs.

2.3.3.6 Impact sur l'Innovation :

Les instituts de recherche privée ont un impact majeur sur l'innovation. Leurs travaux de recherche peuvent aboutir à de nouvelles technologies, de nouveaux médicaments, des avancées en matière d'énergie et bien d'autres innovations qui transforment les industries et améliorent la qualité de vie.

2.3.3.7 Défis et Controverses :

Cependant, l'influence du secteur privé sur la recherche soulève des questions importantes, notamment celles liées à la transparence, à la recherche biaisée en fonction des intérêts commerciaux et à la responsabilité en matière d'éthique de la recherche. Les instituts de recherche privée doivent faire face à ces défis tout en poursuivant leurs objectifs de profitabilité.

En résumé, les instituts de recherche privée financés par des entreprises jouent un rôle essentiel dans la promotion de la recherche scientifique et de l'innovation. Leur collaboration étroite avec le secteur privé les positionne comme des acteurs clés de l'innovation technologique et de la résolution de problèmes complexes.

2.3.4 Les Universités et la Recherche :

Les universités jouent un rôle pivot dans la recherche scientifique et l'innovation. Elles sont des centres d'excellence académique où la recherche de pointe est menée dans une multitude de domaines, allant des sciences fondamentales à la médecine, en passant par l'ingénierie, les sciences sociales et les sciences humaines. Le capitalisme a également influencé le domaine de la recherche universitaire de plusieurs manières clés :

2.3.4.1 Financement de la Recherche :

Les universités, en particulier celles situées dans des pays capitalistes, dépendent largement du financement pour mener des projets de recherche. Bien que les gouvernements fournissent souvent des subventions pour la recherche universitaire, le financement privé provenant d'entreprises et d'investisseurs joue un rôle de plus en plus important. Ces fonds peuvent provenir d'entreprises cherchant à soutenir la recherche liée à leurs domaines d'activité, ce qui peut bénéficier aux deux parties.

2.3.4.2 Collaborations avec l'Industrie :

Les universités collaborent fréquemment avec des entreprises privées pour la recherche et le développement de nouvelles technologies, de médicaments, de matériaux et d'autres innovations. Ces partenariats peuvent donner lieu à des projets conjoints de recherche, des stages pour les étudiants, des subventions de recherche et des possibilités de transfert de technologie. Les entreprises privées bénéficient de l'expertise des universitaires, tandis que les universités tirent parti des ressources financières et de l'accès aux infrastructures de recherche des entreprises.

2.3.4.3 Formation de la Main-d'Œuvre Scientifique :

Les universités sont responsables de la formation de la prochaine génération de scientifiques et d'innovateurs. Les étudiants des cycles supérieurs et les chercheurs postdoctoraux effectuent souvent des travaux de recherche sous la supervision de professeurs qui sont des experts dans leur domaine. Le financement de la recherche, y compris les bourses et les subventions de recherche, peut provenir d'entreprises privées qui cherchent à identifier et à recruter de jeunes talents.

2.3.4.4 L'Accès aux Ressources :

Les universités offrent un accès à des installations de pointe, à des laboratoires, à des bibliothèques de recherche, à des bases de données et à d'autres ressources essentielles pour la recherche scientifique. Le financement privé peut contribuer à maintenir et à améliorer ces infrastructures, ce qui permet aux chercheurs d'entreprendre des projets ambitieux.

2.3.4.5 Valorisation de la Recherche :

Les universités cherchent de plus en plus à valoriser la recherche en transformant les découvertes scientifiques en produits et en technologies commercialisables. Cette approche, souvent appelée "transfert de technologie", peut générer des revenus pour les universités et les chercheurs tout en favorisant l'innovation au sein des entreprises privées.

En somme, le capitalisme a influencé la recherche universitaire en fournissant des ressources financières, en encourageant les collaborations avec l'industrie, en contribuant à la formation de la main-d'œuvre scientifique, en facilitant l'accès aux ressources et en valorisant la recherche. Cependant, cela soulève également des questions sur l'indépendance de la recherche universitaire et l'objectivité dans un environnement où les entreprises privées peuvent avoir des intérêts commerciaux directs.

2.3.5 Les Avancées Scientifiques et Technologiques :

Le capitalisme a considérablement influencé le progrès scientifique et technologique en facilitant l'investissement privé dans la recherche. Voici quelques exemples d'avancées scientifiques et technologiques qui ont été rendues possibles grâce à l'investissement privé :

2.3.5.1 Médecine :

Les entreprises pharmaceutiques investissent massivement dans la recherche médicale pour développer de nouveaux médicaments et traitements. Par exemple, des médicaments innovants pour le traitement du cancer, du diabète et d'autres maladies ont vu le jour grâce à ces investissements privés. Les progrès en médecine régénérative, tels que la thérapie génique, sont également soutenus par des capitaux privés.

2.3.5.2 Technologie de l'Information :

Le secteur de la technologie de l'information est un domaine où le capitalisme a grandement contribué. Les géants de la technologie comme Apple, Google, Microsoft et Facebook ont investi massivement dans la recherche et le développement de nouvelles technologies. Les avancées dans les domaines de l'intelligence artificielle, de la réalité virtuelle, des réseaux 5G et des appareils intelligents sont le fruit de ces investissements.

2.3.5.3 Biotechnologie :

L'investissement privé a été essentiel pour la biotechnologie, permettant la création de médicaments biologiques, le séquençage génomique avancé, et des avancées dans le domaine de la modification génétique. La recherche en biotechnologie est devenue un moteur de l'innovation dans des domaines tels que l'agriculture, la médecine et l'environnement.

2.3.5.4 Énergie :

Le développement de nouvelles sources d'énergie et de technologies propres est fortement influencé par l'investissement privé. Les entreprises énergétiques investissent dans la recherche sur les énergies renouvelables, telles que l'énergie solaire et éolienne. De plus, l'exploration pétrolière et gazière repose sur des investissements privés dans des technologies d'extraction plus efficaces et respectueuses de l'environnement.

Ces exemples montrent comment le capitalisme a stimulé l'innovation et les avancées scientifiques dans une variété de domaines. L'investissement privé permet de financer des projets de recherche ambitieux qui ont le potentiel de transformer la société, d'améliorer la qualité de vie et de résoudre des problèmes complexes. Cependant, cela soulève également des questions sur l'accès équitable à ces avancées et la nécessité de garantir que les intérêts commerciaux n'influencent pas négativement l'objectivité de la recherche scientifique.

2.3.6 Les Défis et les Controverses :

La contribution du capitalisme à la recherche scientifique n'est pas sans son lot de défis et de controverses. Cette section se penche sur les problèmes liés à cette relation complexe.

2.3.6.1 Recherche Biaisée en Fonction des Intérêts Commerciaux :

L'un des défis les plus fréquemment évoqués est la possibilité de recherche biaisée en fonction des intérêts commerciaux. Lorsque des entreprises financent la recherche, il existe une préoccupation légitime que les résultats puissent être influencés en faveur des objectifs de profit de l'entreprise. Par exemple, des études sur l'efficacité d'un médicament financées par une société pharmaceutique pourraient être sujettes à des biais en faveur du médicament.

2.3.6.2 Manque de Transparence dans la Recherche :

Le manque de transparence dans la recherche financée par des entreprises est une autre préoccupation majeure. Les détails sur le financement, les méthodologies et les données de recherche ne sont pas toujours accessibles au public. Cela soulève des questions quant à la crédibilité et à la véracité des résultats de la recherche, car la transparence est essentielle pour l'évaluation et la réplication des études.

2.3.6.3 Préoccupations Concernant l'Objectivité de la Recherche :

Les préoccupations concernant l'objectivité de la recherche financée par des entreprises sont une autre source de controverse. Il peut être difficile pour les chercheurs de maintenir leur indépendance et leur objectivité lorsque leurs travaux sont financés par des entreprises ayant des intérêts commerciaux. Cela peut remettre en question la crédibilité de la recherche et susciter des doutes quant à ses conclusions.

2.3.6.4 Conflits d'Intérêts :

Les conflits d'intérêts sont un problème potentiel lorsque des chercheurs ont des liens financiers avec des entreprises dont les produits ou services font l'objet de la recherche. Cela peut entraîner des situations où les chercheurs sont incités à promouvoir des résultats favorables aux entreprises, même si cela va à l'encontre de l'intérêt public.

2.3.6.5 Besoin de Garantir l'Intégrité de la Recherche :

Face à ces défis, il est essentiel de mettre en place des mécanismes de garantie de l'intégrité de la recherche scientifique. Cela peut inclure des normes strictes de divulgation des conflits d'intérêts, des protocoles de recherche transparents et des évaluations indépendantes de la recherche financée par des entreprises.

En fin de compte, la contribution du capitalisme à la recherche scientifique présente des avantages indéniables en termes de financement, d'innovation et de progrès. Cependant, il est impératif de relever ces défis pour garantir l'intégrité, la crédibilité et l'objectivité de la recherche scientifique, tout en reconnaissant les préoccupations légitimes quant à l'influence potentielle des intérêts commerciaux sur la recherche.

2.4 - Élévation du niveau de vie de la population grâce au capitalisme

Cette section se penchera sur la manière dont le capitalisme a contribué à l'élévation du niveau de vie de la population. Le capitalisme a été associé à une croissance économique soutenue, à l'innovation technologique et à une amélioration générale des conditions de vie. Voici comment nous allons aborder ce sujet :

2.4.1 Croissance Économique et Création d'Emplois :

Le capitalisme, en tant que système économique, est intrinsèquement lié à la croissance économique et à la création d'emplois. Voici comment ces éléments interagissent pour élever le niveau de vie de la population :

2.4.1.1 Stimulation de l'Investissement :

Le capitalisme crée un environnement propice à l'investissement. Les entrepreneurs et les investisseurs sont motivés par la perspective de réaliser un profit. Cette incitation conduit à des investissements massifs dans de nouvelles entreprises, dans l'expansion des activités existantes et dans le développement de nouvelles technologies. L'investissement est le moteur de la croissance économique.

2.4.1.2 Favorisation de la Production :

L'objectif de réaliser un profit pousse les entreprises à accroître leur production. Cela se traduit par la fabrication de biens et de services en plus grande quantité et avec une efficacité accrue. L'augmentation de la production stimule l'activité économique, crée de la richesse et génère des emplois dans divers secteurs.

2.4.1.3 Création d'Emplois :

Lorsque les entreprises investissent et augmentent leur production, elles ont besoin de main-d'œuvre pour mener à bien ces activités. Cela se traduit par la création d'emplois dans une variété de domaines, que ce soit dans la fabrication, les services, la technologie, la recherche et bien d'autres. Les emplois sont essentiels pour permettre aux individus de subvenir à leurs besoins et d'améliorer leur niveau de vie.

2.4.1.4 Opportunités pour la Main-d'Œuvre :

Le capitalisme offre des opportunités pour la main-d'œuvre. Les individus ont la possibilité de trouver un emploi qui correspond à leurs compétences et à leurs aspirations. L'entrepreneuriat et l'innovation créent de nouveaux secteurs d'activité, ouvrent de nouveaux marchés et génèrent de la demande pour divers types de travail.

2.4.1.5 Rémunération et Avantages :

Les emplois créés dans un système capitaliste sont souvent assortis de rémunérations et d'avantages pour les travailleurs. Les entreprises doivent attirer des talents et maintenir une main-d'œuvre qualifiée, ce qui conduit à des salaires concurrentiels, des avantages sociaux et des opportunités de promotion.

2.4.1.6 Impact sur la Qualité de Vie :

La croissance économique et la création d'emplois ont un impact direct sur la qualité de vie. Les revenus augmentent, ce qui permet aux individus d'accéder à un meilleur logement, à une éducation de qualité, à des soins de santé, à des loisirs et à un niveau de vie plus élevé en général.

Cependant, il est important de noter que le capitalisme n'est pas exempt de défis, notamment en ce qui concerne les inégalités économiques et la sécurité de l'emploi. Néanmoins, la création d'emplois, la croissance économique et les opportunités pour la main-d'œuvre sont des aspects essentiels du capitalisme qui ont contribué de manière significative à l'élévation du niveau de vie de la population.

2.4.2 Augmentation des Revenus et du Pouvoir d'Achat :

L'un des aspects les plus visibles de l'élévation du niveau de vie grâce au capitalisme réside dans l'augmentation des revenus de la population. Cette croissance des revenus a eu un impact significatif sur le pouvoir d'achat des individus, ce qui a permis l'accès à un éventail plus large de biens et de services. Voici comment cette dynamique a évolué :

2.4.2.1 Croissance des Salaires :

Le capitalisme a favorisé une croissance économique soutenue qui s'est traduite par une augmentation des salaires. Les entreprises, à la recherche de main-d'œuvre qualifiée, ont dû offrir des rémunérations compétitives pour attirer et retenir les meilleurs talents. Cette concurrence a contribué à l'augmentation des salaires dans divers secteurs.

2.4.2.2 Opportunités Économiques :

L'entrepreneuriat et l'innovation ont créé de nouvelles entreprises et des secteurs économiques florissants, offrant ainsi des opportunités d'emploi. Les individus ont pu choisir parmi un éventail plus large de carrières, ce qui a entraîné une hausse de la demande de main-d'œuvre et a exercé une pression à la hausse sur les salaires.

2.4.2.3 Amélioration de la Productivité :

Les avancées technologiques et l'automatisation ont également augmenté la productivité, permettant aux travailleurs de produire davantage en moins de temps. Les employeurs ont souvent partagé les bénéfices de cette augmentation de productivité sous forme de salaires plus élevés.

2.4.2.4 Accès à un Plus Large Éventail de Biens et de Services :

L'augmentation des revenus a permis aux individus de satisfaire leurs besoins et leurs désirs d'une manière plus étendue. Les familles ont pu investir dans des logements de meilleure qualité, accéder à une éducation supérieure, disposer de soins de santé de qualité, et acquérir des biens de consommation tels que des véhicules, des appareils électroniques et des voyages.

2.4.2.5 Évolution des Modes de Vie :

Les revenus plus élevés ont également permis aux individus d'améliorer leurs modes de vie. Cela comprend des loisirs, des activités culturelles, des voyages et d'autres expériences enrichissantes qui contribuent au bien-être général.

Cependant, il est important de noter que l'augmentation des revenus n'a pas nécessairement profité de manière égale à tous. Les inégalités économiques peuvent persister, créant des disparités de revenus entre différentes couches de la population. Cela souligne l'importance de politiques publiques visant à atténuer ces inégalités tout en préservant les incitations au succès économique. En fin de compte, l'augmentation des revenus est l'un des aspects les plus tangibles de l'élévation du niveau de vie grâce au capitalisme, et elle est étroitement liée à la croissance économique et à l'innovation.

2.4.3 Amélioration des Conditions de Vie :

L'un des résultats les plus tangibles de l'élévation du niveau de vie grâce au capitalisme est l'amélioration des conditions de vie pour de nombreuses personnes. Cette amélioration s'étend à plusieurs domaines essentiels :

2.4.3.1 Accès à un Logement de Meilleure Qualité :

L'élévation du niveau de vie a permis à de nombreuses personnes d'accéder à un logement de meilleure qualité. Les augmentations de revenus ont rendu possible l'achat ou la location de logements plus spacieux, plus sûrs et mieux équipés. Les améliorations dans le secteur de la construction ont également contribué à des logements plus durables et écoénergétiques.

2.4.3.2 Éducation de Qualité :

L'augmentation des revenus a également facilité l'accès à une éducation de qualité. Les familles disposent de ressources financières pour inscrire leurs enfants dans des écoles qui offrent un enseignement supérieur et des opportunités d'apprentissage. L'éducation est souvent considérée comme un moyen essentiel pour l'ascension sociale, et le capitalisme a contribué à élargir l'accès à une éducation de qualité.

2.4.3.3 Soins de Santé Accessibles :

Les progrès de la médecine et de la technologie médicale ont rendu possible des soins de santé plus avancés et accessibles. Les individus disposent désormais d'une gamme plus large de services médicaux, de médicaments et de soins de santé préventifs. Le capitalisme a stimulé l'innovation dans le domaine de la santé, permettant des avancées médicales significatives.

2.4.3.4 Services Essentiels :

Outre le logement, l'éducation et les soins de santé, l'amélioration du niveau de vie a également favorisé l'accès à d'autres services essentiels tels que l'eau potable, l'assainissement, l'électricité fiable, les transports publics et les communications. Ces services contribuent au bien-être général de la population en fournissant des conditions de vie plus confortables.

2.4.3.5 Environnements Plus Confortables et Plus Sains :

Globalement, l'amélioration des conditions de vie a permis aux individus de vivre dans des environnements plus confortables et plus sains. Les logements de meilleure qualité offrent un espace plus agréable pour les familles, tandis que l'accès à l'éducation et aux soins de santé contribue à la santé et au bien-être des individus.

Cependant, il est important de noter que l'amélioration des conditions de vie n'est pas uniforme, et des inégalités subsistent. Certaines populations et régions peuvent ne pas avoir bénéficié de la même manière de ces améliorations. De plus, l'amélioration des conditions de vie est également liée à la durabilité environnementale, un aspect clé à prendre en compte pour garantir un avenir viable pour les générations futures.

2.4.4 Réduction de la Pauvreté :

Une des contributions les plus significatives du capitalisme à la société est la réduction de la pauvreté. Le capitalisme crée des opportunités économiques qui permettent aux individus de sortir de la pauvreté et d'améliorer leur situation financière de plusieurs manières :

2.4.4.1 Création d'Emplois :

Le capitalisme favorise la création d'emplois par le biais de l'entrepreneuriat et de l'expansion des entreprises. Lorsque de nouvelles entreprises sont créées ou que des entreprises existantes se développent, elles ont besoin de main-d'œuvre. Cela se traduit par une augmentation de la demande de travailleurs, offrant ainsi des opportunités d'emploi à ceux qui étaient précédemment sans emploi.

2.4.4.2 Augmentation des Revenus :

Le capitalisme stimule la croissance économique, ce qui se traduit par une augmentation des revenus pour de nombreuses personnes. Les salaires augmentent en réponse à la demande de main-d'œuvre, et les individus voient leurs revenus augmenter à mesure que l'économie prospère.

2.4.4.3 Accès à l'Éducation et à la Formation :

Le capitalisme a également favorisé l'accès à l'éducation et à la formation professionnelle. Les individus ont la possibilité d'acquérir de nouvelles compétences et d'améliorer leur employabilité, ce qui renforce leur capacité à sortir de la pauvreté.

2.4.4.4 Possibilité d'Entrepreneuriat :

Le capitalisme encourage l'entrepreneuriat, ce qui signifie que des individus peuvent créer leurs propres entreprises et devenir des employeurs plutôt que des employés. Cela offre non seulement des opportunités économiques, mais peut également contribuer à la création d'emplois pour d'autres personnes.

2.4.4.5 Réduction de la Pauvreté Multidimensionnelle :

En plus de l'augmentation des revenus, le capitalisme a contribué à réduire la pauvreté multidimensionnelle. Il a permis l'accès à des biens et services tels que l'électricité, l'eau potable, l'éducation et les soins de santé, ce qui améliore considérablement la qualité de vie.

Cependant, il est important de noter que la réduction de la pauvreté n'est pas uniforme, et des inégalités subsistent. Certaines populations, en particulier dans les régions les moins développées, peuvent ne pas bénéficier pleinement de ces opportunités. Cela souligne la nécessité de politiques sociales et de filets de sécurité économique pour garantir que les avantages du capitalisme profitent à tous, y compris les plus vulnérables.

2.4.5 Accès à la Technologie et à l'Innovation :

Le capitalisme a joué un rôle central dans l'accès à la technologie et à l'innovation, ayant un impact profond sur la vie quotidienne. Voici comment le capitalisme a contribué à cette transformation :

2.4.5.1 Révolution Informatique :

Le capitalisme a été un moteur essentiel de la révolution informatique. Les entreprises technologiques ont investi massivement dans la recherche et le développement pour créer des ordinateurs personnels, des logiciels, des réseaux, et Internet. Cela a ouvert la voie à une nouvelle ère de communication, d'accès à l'information et de connectivité globale. Les ordinateurs sont devenus des outils omniprésents dans la vie quotidienne, facilitant le travail, l'éducation, les loisirs et la communication.

2.4.5.2 Innovation Médicale :

Le capitalisme a également stimulé l'innovation dans le domaine médical. Les entreprises pharmaceutiques et de biotechnologie ont investi dans la recherche et le développement de médicaments, de dispositifs médicaux et de traitements. Ces avancées ont permis de lutter contre des maladies graves, d'améliorer la qualité de vie et d'augmenter l'espérance de vie.

2.4.5.3 Technologie de l'Information et de la Communication :

Les progrès dans les technologies de l'information et de la communication ont eu un impact significatif sur la vie quotidienne. L'émergence de smartphones, de tablettes et d'applications a révolutionné la manière dont les gens travaillent, communiquent, se divertissent et accèdent à l'information. L'accès à des services en ligne, tels que la banque en ligne, les plateformes de streaming et les médias sociaux, est devenu courant.

2.4.5.4 Amélioration de l'Éducation :

Le capitalisme a également influencé le secteur de l'éducation en favorisant l'innovation technologique. Les plateformes d'apprentissage en ligne, les cours à distance et les ressources éducatives numériques ont élargi l'accès à l'éducation et ont permis l'apprentissage à tout âge et en tout lieu.

2.4.5.5 Effets sur l'Économie :

Ces avancées technologiques ont également eu des effets économiques significatifs. Les entreprises axées sur la technologie ont créé des emplois, stimulé la croissance économique et alimenté de nouveaux secteurs industriels. De plus, les innovations ont permis d'augmenter l'efficacité et la productivité, contribuant ainsi à l'élévation du niveau de vie.

Cependant, il est essentiel de noter que l'accès inégal à la technologie et à l'innovation reste un défi. Les inégalités d'accès aux technologies de pointe peuvent créer des disparités entre les individus et les communautés. Les politiques publiques et les initiatives visant à garantir un accès équitable à la technologie sont donc cruciales pour maximiser les avantages du capitalisme en matière d'innovation technologique.

2.4.6 Inégalités Économiques :

L'un des aspects incontournables du capitalisme est la tendance à générer des inégalités économiques. Bien que le capitalisme ait apporté de nombreux avantages en termes de croissance économique et d'élévation du niveau de vie, il a également contribué à créer des disparités entre les riches et les pauvres. Voici quelques-unes des raisons pour lesquelles le capitalisme est associé aux inégalités économiques :

2.4.6.1 Accumulation de Richesses :

Le capitalisme permet aux individus et aux entreprises de générer des profits et d'accumuler des richesses. Cependant, ceux qui disposent déjà de ressources financières sont mieux positionnés pour investir et tirer parti des opportunités de profit. Cela peut créer une spirale où les riches deviennent plus riches, tandis que les moins fortunés ont du mal à accumuler des actifs.

2.4.6.2 Salaires et Revenus Inégaux :

Les salaires et les revenus peuvent varier considérablement dans un système capitaliste. Les personnes ayant des compétences rares ou occupant des postes clés dans des entreprises prospères peuvent gagner des salaires beaucoup plus élevés que d'autres. Cela contribue aux inégalités salariales.

2.4.6.3 Accès Inégal à l'Éducation et aux Opportunités :

L'accès inégal à l'éducation et aux opportunités peut exacerber les inégalités. Les individus issus de milieux défavorisés ont souvent moins d'accès à l'éducation de qualité et aux ressources nécessaires pour réussir dans un monde capitaliste axé sur les compétences.

2.4.6.4 Influence Politique et Lobbying :

Les entreprises et les individus fortunés ont souvent une plus grande influence politique et peuvent faire pression pour des politiques qui favorisent leurs intérêts économiques. Cela peut entraîner des politiques fiscales favorables aux riches et des réglementations qui profitent aux grandes entreprises.

2.4.6.5 Création de Monopoles et de Pouvoir Économique Concentré :

Dans certains cas, le capitalisme peut conduire à la création de monopoles ou de grandes entreprises avec un pouvoir économique considérable. Cela peut réduire la concurrence et accroître les inégalités, car ces entreprises ont la capacité de dicter les conditions du marché.

Cependant, il est important de noter que les inégalités économiques ne sont pas une conséquence inévitable du capitalisme. Les gouvernements et les sociétés peuvent mettre en place des politiques de redistribution, des programmes sociaux et des réformes fiscales pour atténuer ces inégalités. Le défi réside dans la création d'un équilibre entre les avantages du capitalisme en termes de croissance économique et les inquiétudes légitimes concernant l'équité et la justice sociale.

2.4.7 Besoin de Politiques Sociales et de Sécurité Économique :

Bien que le capitalisme ait contribué de manière significative à l'élévation du niveau de vie de la population, il ne garantit pas nécessairement une répartition équitable des avantages. Les inégalités économiques peuvent persister, et il est essentiel de mettre en place des politiques sociales et des filets de sécurité économique pour atténuer ces inégalités et soutenir les populations vulnérables. Voici quelques aspects de cette question :

2.4.7.1 Réduction des Inégalités :

Les politiques sociales visent à réduire les inégalités économiques en mettant en place des programmes de redistribution. Cela peut inclure des transferts de revenus aux familles à faible revenu, des crédits d'impôt pour les travailleurs à faible salaire et des initiatives visant à garantir que tous les citoyens aient un accès équitable à des services essentiels tels que l'éducation et les soins de santé.

2.4.7.2 Sécurité Économique :

Les filets de sécurité économique sont conçus pour protéger les individus et les familles en cas de difficultés financières. Les systèmes de sécurité sociale, tels que l'assurance chômage et les prestations de maladie, offrent une certaine stabilité financière aux personnes confrontées à des perturbations économiques.

2.4.7.3 Accès à l'Éducation et aux Soins de Santé :

Les politiques sociales peuvent également garantir l'accès universel à des services tels que l'éducation et les soins de santé. Cela permet d'assurer que les individus ne sont pas désavantagés en raison de leur situation économique, ce qui favorise l'égalité des chances.

2.4.7.4 Investissement dans la Formation et la Reconversion :

Les programmes de formation et de reconversion sont essentiels pour aider les travailleurs à s'adapter aux changements économiques. Dans un monde en constante évolution, il est important d'investir dans la formation des travailleurs pour qu'ils puissent maintenir leur employabilité.

2.4.7.5 Protection des Droits des Travailleurs :

Les réglementations du travail et la protection des droits des travailleurs sont des éléments clés des politiques sociales. Cela comprend des normes de travail équitables, des heures de travail raisonnables et la garantie de salaires décents.

Les gouvernements jouent un rôle central dans la création d'un équilibre entre le capitalisme et le bien-être social. Ils sont responsables de la conception et de la mise en œuvre de politiques sociales et de la réglementation nécessaire pour garantir que le capitalisme bénéficie à l'ensemble de la population.

En fin de compte, le capitalisme peut apporter des avantages économiques significatifs, mais il ne garantit pas automatiquement l'équité et la sécurité économique pour tous. Les politiques sociales et les filets de sécurité économique sont essentiels pour atténuer les inégalités et soutenir les populations vulnérables, tout en préservant les avantages de l'initiative économique privée. Cette équation délicate exige un équilibre entre les forces du marché et l'intervention gouvernementale pour assurer le bien-être de la société dans son ensemble.

3. Les Défis Environnementaux

Notre planète, la Terre, est un bijou précieux suspendu dans l'immensité de l'univers. Elle abrite une diversité étonnante de formes de vie, des merveilles naturelles qui ont évolué au fil des millénaires, et des écosystèmes fragiles qui tissent la toile de la vie. Cependant, cette planète, notre unique foyer, fait face à des défis environnementaux sans précédent.

"Les Défis Environnementaux" est un voyage au cœur des enjeux qui façonnent notre monde, un plaidoyer pour la préservation de notre environnement, et une quête de solutions pour un avenir plus durable. Dans ces pages, nous examinerons les menaces qui pèsent sur notre planète, les conséquences de nos actions passées et présentes, ainsi que les opportunités pour un changement positif.

Il n'est plus possible d'ignorer les signes de détresse de notre planète. Le changement climatique, la perte de biodiversité, la pollution, l'épuisement des ressources naturelles, et d'autres défis environnementaux exigent notre attention immédiate. Nous ne pouvons plus nous permettre l'inaction.

Cependant, "Les Défis Environnementaux" ne se contente pas de dénoncer les problèmes. Nous explorons également les initiatives, les innovations, et les efforts collectifs qui offrent de l'espoir. Nous croyons en la capacité de l'humanité à apporter des changements positifs, à protéger notre planète et à préserver notre patrimoine naturel pour les générations futures.

Ce livre est un appel à l'action, une source d'inspiration et un rappel de la beauté et de la valeur de notre environnement. Il nous rappelle que nous avons la responsabilité collective de prendre soin de la Terre, de restaurer son équilibre, et de bâtir un avenir où l'harmonie entre l'humanité et la nature est au cœur de nos préoccupations.

"Les Défis Environnementaux" est une invitation à réfléchir, à s'engager, et à collaborer pour un avenir plus propre, plus vert, et plus durable. Ensemble, nous pouvons faire une différence.

3.1 - Pollution et dégradation de l'environnement due aux industries

Cette section se penchera sur l'impact du capitalisme sur l'environnement, en mettant particulièrement l'accent sur la pollution et la dégradation environnementale résultant des activités industrielles. Alors que le capitalisme a apporté des avantages économiques considérables, il a également engendré des problèmes environnementaux sérieux. Voici comment nous allons aborder ce sujet :

3.1.1 La Quête du Profit et l'Exploitation des Ressources Naturelles :

L'un des aspects les plus préoccupants de l'impact du capitalisme sur l'environnement réside dans l'exploitation intensive des ressources naturelles. Cette recherche incessante de profit a poussé les industries à adopter une approche à court terme qui a eu des conséquences graves sur les écosystèmes. Voici quelques éléments clés de cette problématique :

3.1.1.1 L'Épuisement des Ressources Non Renouvelables :

Dans la quête du profit, les industries ont souvent exploité des ressources naturelles non renouvelables, telles que les combustibles fossiles et les minéraux, de manière intensive. Cette exploitation a conduit à l'épuisement rapide de ces ressources, créant des préoccupations concernant la disponibilité future.

3.1.1.2 Déforestation et Perte d'Habitats Naturels :

Les industries, en particulier dans l'agriculture et la foresterie, ont contribué à la déforestation et à la destruction d'habitats naturels pour répondre à la demande croissante de matières premières. Cela a entraîné la perte de biodiversité et a affecté de manière significative les écosystèmes.

3.1.1.3 Surpêche et Épuisement des Stocks Halieutiques :

Les industries de la pêche ont souvent surexploité les stocks halieutiques pour maximiser les profits à court terme. Cette pratique a eu un impact négatif sur les populations de poissons, menaçant la durabilité des ressources marines.

3.1.1.4 Altérations des Écosystèmes :

L'intensification de l'agriculture, l'urbanisation et d'autres activités industrielles ont altéré les écosystèmes naturels. Cela a perturbé les cycles naturels, provoqué des migrations d'espèces et modifié les équilibres écologiques.

3.1.1.5 Changements Climatiques :

Les émissions de gaz à effet de serre provenant des industries, en particulier de la production d'énergie et des transports, ont contribué de manière significative aux changements climatiques. L'utilisation intensive de combustibles fossiles a augmenté la concentration de dioxyde de carbone dans l'atmosphère, ce qui a eu des répercussions sur le climat.

3.1.1.6 Besoin d'une Gestion Durable :

Pour atténuer ces effets négatifs, il est essentiel d'adopter une approche de gestion durable des ressources naturelles. Cela implique de considérer les ressources comme un capital à gérer sur le long terme plutôt que comme des biens à épuiser rapidement.

3.1.1.7 Économie Circulaire et Technologie Propre :

L'adoption de modèles économiques circulaires et le développement de technologies propres peuvent contribuer à réduire l'impact environnemental de l'exploitation des ressources. Ces approches encouragent la réutilisation, le recyclage et la réduction des déchets.

Il est crucial de comprendre comment la recherche du profit a conduit à cette exploitation intensive des ressources naturelles et de mettre en place des politiques, des réglementations et des pratiques industrielles qui promeuvent la durabilité et la préservation de notre environnement à long terme.

3.1.2 La Pollution Industrielle :

La pollution industrielle constitue l'un des aspects les plus préoccupants de l'impact du capitalisme sur l'environnement. Cette forme de pollution résulte des activités industrielles et des processus de production. Elle prend différentes formes, notamment les émissions de gaz à effet de serre, les rejets de produits chimiques toxiques et la production de déchets industriels. Voici un aperçu détaillé de ces problématiques :

3.1.2.1 Emissions de Gaz à Effet de Serre :

Les industries sont souvent d'importants émetteurs de gaz à effet de serre, tels que le dioxyde de carbone (CO_2), le méthane (CH_4) et le protoxyde d'azote (N_2O). Ces gaz contribuent au réchauffement climatique et aux changements climatiques, en piégeant la chaleur dans l'atmosphère. Les conséquences de ces émissions comprennent l'élévation des températures, la fonte des glaces, la montée du niveau de la mer et les phénomènes météorologiques extrêmes.

3.1.2.2 Rejets de Produits Chimiques Toxiques :

De nombreuses industries génèrent des produits chimiques dangereux et toxiques dans le cadre de leurs processus de production. Ces produits chimiques peuvent contaminer les sols, les eaux souterraines, les rivières et les mers. Ils ont des répercussions sur la faune et la flore, mettant en danger la biodiversité. De plus, ils peuvent contaminer les sources d'eau potable, mettant en danger la santé humaine.

3.1.2.3 Déchets Industriels :

Les industries génèrent d'énormes quantités de déchets industriels, qu'il s'agisse de matériaux non recyclables, de résidus de production ou de produits chimiques indésirables. La gestion inadéquate de ces déchets peut entraîner des problèmes environnementaux majeurs. Les décharges non réglementées peuvent contaminer les sols et les eaux souterraines, tandis que l'incinération de déchets peut libérer des polluants dans l'air.

3.1.2.4 Impacts sur la Qualité de l'Air, de l'Eau et du Sol :

La pollution industrielle a des impacts directs sur la qualité de l'air, de l'eau et du sol. Les émissions de gaz polluants peuvent provoquer des problèmes de qualité de l'air, affectant la santé respiratoire des populations. Les rejets de produits chimiques toxiques ont des effets néfastes sur la qualité de l'eau, la rendant impropre à la consommation et nuisible aux écosystèmes aquatiques. De même, la contamination des sols réduit leur fertilité et peut affecter la croissance des cultures.

3.1.2.5 Impacts sur la Santé Humaine :

La pollution industrielle a également des répercussions sur la santé humaine. Les populations vivant à proximité d'installations industrielles peuvent être exposées à des substances toxiques, ce qui peut entraîner des problèmes de santé tels que des maladies respiratoires, des cancers, des malformations congénitales et d'autres affections.

Il est essentiel de prendre des mesures pour réduire la pollution industrielle, que ce soit par le biais de normes environnementales plus strictes, de technologies de réduction des émissions, de pratiques de gestion des déchets plus durables ou de la transition vers des sources d'énergie plus propres. Cette réduction de la pollution est essentielle pour protéger la santé humaine, préserver l'environnement et lutter contre les changements climatiques.

3.1.3 Les Conséquences pour la Biodiversité :

L'impact du capitalisme sur la biodiversité est profond et complexe. Les activités industrielles, le développement urbain et la croissance économique ont engendré des pertes d'habitats naturels, des pollutions et des pratiques agricoles intensives, contribuant ainsi à une diminution alarmante de la biodiversité à l'échelle mondiale. Cette section examinera les divers aspects de cette problématique :

3.1.3.1 Perte d'habitats naturels :

L'expansion des industries et des infrastructures a souvent conduit à la destruction directe des habitats naturels. Les terres sont défrichées pour construire des usines, des routes et des zones résidentielles, ce qui prive la faune et la flore de leurs espaces vitaux. Les conséquences peuvent être dévastatrices pour les espèces indigènes, en particulier pour celles qui ont des besoins spécifiques en matière d'habitat.

3.1.3.2 Pollution de l'eau et de l'air :

Les activités industrielles génèrent des polluants qui affectent l'environnement aquatique et terrestre. Les rejets de substances chimiques toxiques, les émissions de gaz à effet de serre et d'autres polluants ont des impacts sur les écosystèmes et les espèces qui y vivent. Par exemple, la pollution de l'eau peut tuer la faune aquatique, tandis que la pollution de l'air peut nuire à la santé des animaux et des plantes.

3.1.3.3 Pratiques agricoles intensives :

L'agriculture intensive, qui est souvent encouragée par des incitations économiques du capitalisme, a des conséquences sur la biodiversité. L'utilisation massive de pesticides, la monoculture et la déforestation pour étendre les terres cultivables peuvent entraîner la perte d'habitats naturels et la diminution de la diversité biologique.

3.1.3.4 Conséquences sur les espèces :

La diminution de la biodiversité a un impact direct sur les espèces. Certaines d'entre elles peuvent être poussées à l'extinction en raison de la destruction de leur habitat ou de la pression exercée par la chasse et la pêche excessives. La disparition d'espèces peut perturber les écosystèmes et avoir des répercussions sur la chaîne alimentaire.

3.1.3.5 Conséquences sur les services écosystémiques :

La biodiversité est essentielle pour la fourniture de services écosystémiques tels que la pollinisation des cultures, la purification de l'eau et la régulation du climat. La diminution de la biodiversité peut compromettre ces services, ce qui a des implications directes pour la sécurité alimentaire et le bien-être humain.
Il est important de souligner que la préservation de la biodiversité est essentielle non seulement pour la survie des espèces animales et végétales, mais aussi pour maintenir l'équilibre des écosystèmes et assurer la durabilité à long terme de la planète. La diminution de la biodiversité due au capitalisme soulève des questions sur la nécessité de réconcilier la croissance économique avec la préservation de l'environnement, et les mesures visant à atténuer ces impacts négatifs seront au cœur des débats futurs.

3.1.4 Les Risques Environnementaux à Long Terme :

Le capitalisme, en quête perpétuelle de croissance économique et de rentabilité, a engendré des risques environnementaux à long terme qui pèsent lourdement sur la durabilité de notre planète. Parmi ces risques, nous pouvons identifier les suivants :

3.1.4.1 Changements Climatiques :

L'une des menaces environnementales les plus pressantes est le changement climatique. Les émissions de gaz à effet de serre provenant des activités industrielles, en particulier de la combustion de combustibles fossiles, ont contribué de manière significative à l'augmentation des températures mondiales. Les conséquences des changements climatiques comprennent des phénomènes climatiques extrêmes, la montée du niveau de la mer et des perturbations graves dans les écosystèmes.

3.1.4.2 Déforestation :

La déforestation, souvent motivée par l'expansion de l'agriculture et de l'industrie, entraîne la destruction des habitats naturels, la perte de biodiversité et des répercussions sur le cycle de l'eau. Elle contribue également aux émissions de gaz à effet de serre en libérant du carbone stocké dans les arbres.

3.1.4.3 Épuisement des Ressources Naturelles :

Le capitalisme, axé sur la maximisation de la production et de la consommation, a conduit à l'épuisement rapide de nombreuses ressources naturelles. Cela inclut l'épuisement des réserves de minerais, de combustibles fossiles et d'autres matières premières essentielles.

À long terme, cette tendance met en péril la disponibilité de ces ressources pour les générations futures.

3.1.4.4 Risques Écologiques Globaux :

Ces risques environnementaux à long terme sont interconnectés et ont des répercussions globales. Par exemple, le changement climatique peut intensifier la fréquence et la gravité des catastrophes naturelles, ce qui a un impact sur la déforestation et l'épuisement des ressources. Cela crée un cercle vicieux de dégradations écologiques.

La prise de conscience croissante de ces risques a conduit à des appels en faveur de pratiques plus durables, de réductions des émissions de gaz à effet de serre, de la préservation des écosystèmes et de la conservation des ressources naturelles. Les accords internationaux tels que l'Accord de Paris sur le climat visent à atténuer les risques environnementaux à long terme en promouvant des actions concertées au niveau mondial.

Cependant, atténuer ces risques exige un équilibre entre le désir de croissance économique et la préservation de l'environnement à long terme. Cette équation délicate souligne la nécessité de repenser notre approche du capitalisme pour garantir une durabilité à long terme.

3.1.5 Les Initiatives pour la Durabilité :

Face à la réalité de la pollution et de la dégradation de l'environnement engendrées par les activités industrielles du capitalisme, des initiatives ont été déployées pour atténuer ces impacts environnementaux. Voici un aperçu de certaines de ces actions et stratégies :

3.1.5.1 Normes Environnementales Plus Strictes :

Les gouvernements et les organismes de réglementation ont mis en place des normes environnementales plus strictes pour contrôler les émissions de polluants atmosphériques, la gestion des déchets dangereux et d'autres aspects de l'impact environnemental des entreprises. Ces normes visent à réduire les effets néfastes sur l'air, l'eau et le sol.

3.1.5.2 Technologies Propres :

L'innovation technologique a conduit au développement de technologies propres. Les entreprises investissent dans des technologies plus respectueuses de l'environnement, telles que les énergies renouvelables, les véhicules électriques, les systèmes de gestion de l'énergie et les procédés de production plus efficaces sur le plan énergétique. Ces avancées réduisent les émissions et minimisent la pollution.

3.1.5.3 Incitations à la Durabilité :

De nombreuses juridictions ont mis en place des incitations pour encourager les entreprises à adopter des pratiques durables. Cela peut inclure des avantages fiscaux pour les entreprises qui réduisent leur empreinte carbone, des subventions pour des projets d'énergie propre et des programmes de certification environnementale qui reconnaissent les entreprises engagées dans la durabilité.

3.1.5.4 Responsabilité Sociale des Entreprises (RSE) :

Les entreprises sont de plus en plus conscientes de leur rôle dans la préservation de l'environnement. La RSE incite les entreprises à intégrer des pratiques durables dans leurs opérations, à réduire leur consommation de ressources et à minimiser leur impact sur l'environnement.

3.1.5.5 Economie Circulaire :

L'économie circulaire repose sur la réduction, la réutilisation et le recyclage des matériaux, minimisant ainsi les déchets et la pression sur les ressources naturelles. Cette approche vise à créer un modèle plus durable pour la production et la consommation.

Ces initiatives visent à concilier les impératifs du capitalisme avec la nécessité de protéger l'environnement. Elles encouragent les entreprises à adopter des pratiques plus respectueuses de la planète tout en maintenant leur viabilité économique. Cependant, les défis persistent, et la question de l'équilibre entre le profit et la durabilité reste au cœur des débats actuels.

3.1.6 Le Rôle des Gouvernements et de la Réglementation :

Face aux défis environnementaux posés par les activités industrielles, le rôle des gouvernements est essentiel pour protéger l'environnement. Les politiques environnementales et les mécanismes de réglementation sont des outils clés pour équilibrer les impératifs économiques et environnementaux. Voici comment ces éléments contribuent à la gestion des impacts environnementaux du capitalisme :

3.1.6.1 Élaboration de Politiques Environnementales :

Les gouvernements jouent un rôle central dans l'élaboration de politiques environnementales visant à limiter les émissions de gaz à effet de serre, à réduire la pollution de l'air et de l'eau, à protéger la biodiversité et à préserver les écosystèmes. Ces politiques définissent les objectifs environnementaux à long terme et guident les actions des entreprises.

3.1.6.2 Normes et Réglementations :

Les gouvernements établissent des normes et des réglementations environnementales qui imposent des limites aux émissions de polluants, à l'utilisation des ressources naturelles et à d'autres activités industrielles. Ces normes visent à garantir que les entreprises opèrent de manière responsable sur le plan environnemental.

3.1.6.3 Incitations à la Durabilité :

Les gouvernements peuvent également mettre en place des incitations à la durabilité. Cela peut inclure des avantages fiscaux pour les entreprises adoptant des pratiques respectueuses de l'environnement, des subventions pour la recherche et le développement de technologies propres, ou des programmes d'efficacité énergétique.

3.1.6.4 Surveillance et Application :

Les agences gouvernementales sont responsables de surveiller la conformité des entreprises aux réglementations environnementales. L'application stricte des lois est essentielle pour garantir que les entreprises respectent les normes et prennent des mesures pour minimiser leur impact environnemental.

3.1.6.5 Réponses aux Crises Environnementales :

Les gouvernements jouent un rôle clé dans la gestion des crises environnementales, telles que les catastrophes écologiques ou les accidents industriels. Ils coordonnent les secours d'urgence, évaluent les dommages environnementaux et veillent à ce que les entreprises responsables en assument la responsabilité.

3.1.6.6 Collaboration Internationale :

La protection de l'environnement est souvent une question internationale, et les gouvernements collaborent au niveau mondial pour aborder des problèmes tels que le changement climatique. Les accords internationaux, tels que l'Accord de Paris, visent à coordonner les actions des pays pour lutter contre les défis environnementaux mondiaux.

Le rôle des gouvernements et de la réglementation est essentiel pour garantir que le capitalisme ne compromette pas de manière irréversible notre environnement. En élaborant des politiques environnementales solides, en établissant des normes strictes et en encourageant des pratiques industrielles durables, les gouvernements contribuent à l'équilibre entre la prospérité économique et la préservation de notre planète.

3.2 - Les inégalités dans l'accès aux ressources et aux opportunités

Cette section se concentrera sur les inégalités qui résultent du capitalisme en termes d'accès aux ressources, aux opportunités et aux avantages économiques. Alors que le capitalisme a apporté des gains économiques significatifs, il a également engendré des disparités socio-économiques. Voici comment nous allons explorer ce sujet :

3.2.1 Inégalités de Revenus et de Richesse :

Le capitalisme a la capacité de générer des richesses, mais il peut également amplifier les inégalités économiques. Cette partie se penche sur les inégalités de revenus et de richesse qui peuvent résulter du fonctionnement du système capitaliste.

3.2.1.1 Écarts entre les Riches et les Pauvres :

Le capitalisme peut engendrer des écarts considérables entre les personnes les plus riches et les plus pauvres. Les individus qui détiennent des actifs, des actions ou des entreprises prospères peuvent accumuler des richesses à un rythme bien plus rapide que ceux qui ne possèdent pas ces avantages. Cela se traduit par des inégalités de revenus, où les hauts revenus sont significativement plus élevés que les bas revenus.

3.2.1.2 Concentration de la Richesse :

L'accumulation de richesse peut conduire à une concentration croissante de la richesse entre les mains d'une petite partie de la population. Les individus les plus riches ont la capacité d'investir et de faire fructifier leur argent, tandis que ceux qui luttent pour joindre les deux bouts ont peu d'opportunités pour accumuler de la richesse.

3.2.1.3 Polarisation Économique :

Le capitalisme peut contribuer à une polarisation économique, où une classe moyenne prospère diminue tandis que les extrêmes, riches et pauvres, s'agrandissent. Cela peut avoir des conséquences sur la stabilité sociale et économique, car une classe moyenne en diminution peut entraîner des tensions et des déséquilibres économiques.

Il est essentiel de comprendre ces inégalités pour concevoir des politiques qui atténuent leurs effets et encouragent une répartition plus équitable des avantages du capitalisme. Cela peut inclure des mesures de redistribution, des réformes fiscales, des incitations à l'investissement dans des initiatives sociales, et des politiques qui favorisent l'accès à l'éducation et à la formation pour tous. L'objectif est de trouver un équilibre entre l'efficacité économique du capitalisme et la justice sociale.

3.2.2 Accès à l'Éducation et à la Formation :

L'accès inégal à l'éducation et à la formation est l'un des facteurs clés contribuant aux inégalités socio-économiques. Cette section se penchera sur l'impact de ces inégalités et sur les moyens de les atténuer. Voici comment nous allons aborder ce sujet :

3.2.2.1 Inégalités d'Accès à l'Éducation Primaire et Secondaire :

Nous commencerons par examiner les inégalités qui existent dans l'accès à l'éducation primaire et secondaire. Dans de nombreuses régions du monde, les enfants issus de milieux défavorisés ont un accès limité à une éducation de qualité. Cela peut découler de facteurs tels que la localisation géographique, la pauvreté ou les normes culturelles.

3.2.2.2 Barrières à l'Éducation Supérieure :

Nous analyserons les barrières qui empêchent de nombreux individus d'accéder à l'enseignement supérieur. Les coûts élevés des études universitaires, les obstacles administratifs et les exigences académiques peuvent restreindre l'accès à l'éducation supérieure, ce qui limite les opportunités économiques.

3.2.2.3 Formation Professionnelle et Apprentissage :

Nous discuterons également de l'importance de la formation professionnelle et de l'apprentissage tout au long de la vie. Les inégalités dans l'accès à ces opportunités de formation peuvent avoir un impact sur la capacité des individus à s'adapter aux évolutions économiques et technologiques.

3.2.2.4 Conséquences des Inégalités en Éducation :

Nous examinerons les conséquences des inégalités en éducation sur la mobilité sociale et les opportunités économiques. Les individus qui ont un accès limité à l'éducation sont souvent désavantagés sur le marché du travail et peuvent avoir du mal à sortir de la pauvreté.

3.2.2.5 Initiatives pour Réduire les Inégalités en Éducation :

Enfin, nous explorerons les initiatives mises en place pour réduire les inégalités en éducation. Cela peut inclure des programmes de bourses d'études, des réformes de l'éducation visant à améliorer l'équité, et des efforts pour éliminer les obstacles financiers à l'éducation supérieure.

En comprenant les inégalités dans l'accès à l'éducation et à la formation, nous pourrons mieux évaluer les défis qui se posent en termes d'opportunités économiques et les mesures nécessaires pour garantir un accès équitable à l'éducation tout au long de la vie.

3.2.3 Accès au Marché du Travail :

L'accès au marché du travail est un élément clé de la vie économique de toute société. Cependant, le capitalisme ne garantit pas un accès égal aux opportunités d'emploi, ce qui peut conduire à des inégalités significatives. Dans cette section, nous allons explorer les aspects de l'accès au marché du travail liés aux discriminations et aux inégalités salariales.

3.2.3.1 Discriminations en matière d'Emploi :

Les discriminations en matière d'emploi sont un problème persistant dans de nombreuses sociétés capitalistes. Ces discriminations peuvent être basées sur le genre, la race, l'âge, l'orientation sexuelle ou d'autres caractéristiques. Les employeurs peuvent favoriser ou défavoriser certains individus en fonction de ces caractéristiques, ce qui limite l'accès équitable à l'emploi. Cela peut également entraîner la sous-représentation de certains groupes dans certains secteurs ou professions.

3.2.3.2 Inégalités Salariales :

Les inégalités salariales sont un autre aspect important des inégalités liées à l'emploi. Les écarts de rémunération entre les travailleurs peuvent découler de plusieurs facteurs. Les emplois dans certains secteurs ou professions sont souvent moins bien rémunérés que d'autres, ce qui peut créer des inégalités salariales. De plus, les discriminations en matière d'emploi, telles que les écarts de salaire entre hommes et femmes ou entre différentes ethnies, contribuent également aux inégalités salariales.

3.2.3.3 Accès à des Emplois de Qualité :

L'accès à des emplois de qualité, stables et bien rémunérés est souvent inégalement réparti. Certaines populations, en raison de facteurs tels que l'éducation, la formation ou le statut socio-économique, peuvent avoir plus de difficultés à accéder à ces emplois. Cela peut perpétuer les inégalités économiques et sociales.

3.2.3.4 Réponses et Solutions :

Pour atténuer ces inégalités liées à l'emploi, des actions sont entreprises à différents niveaux. Les gouvernements peuvent promulguer des lois anti-discrimination et mettre en place des mécanismes de surveillance. Les entreprises peuvent adopter des politiques de diversité et d'inclusion pour garantir un accès équitable aux opportunités. De plus, des programmes de formation, d'éducation et d'accès à l'emploi sont mis en place pour aider les individus à acquérir les compétences nécessaires pour accéder à des emplois de qualité.

L'accès équitable au marché du travail est essentiel pour assurer que les avantages du capitalisme ne sont pas limités à un groupe restreint de personnes. La réduction des discriminations et des inégalités salariales est un élément clé de la quête de l'équité économique et sociale dans les sociétés capitalistes.

3.2.4 Inégalités Régionales et Urbaines :

Les inégalités régionales et urbaines sont une dimension importante des disparités socio-économiques qui résultent du capitalisme. Cette section se concentrera sur ces inégalités et explorera comment elles se manifestent et impactent les individus et les communautés. Voici quelques aspects clés à considérer :

3.2.4.1 Accès Limité aux Opportunités dans les Régions Défavorisées :

Les régions défavorisées, qu'elles soient rurales ou en périphérie des centres urbains, peuvent avoir un accès limité aux opportunités économiques. Les emplois bien rémunérés, les infrastructures de qualité, les services éducatifs et de santé peuvent être moins accessibles, ce qui perpétue un cycle d'appauvrissement.

3.2.4.2 Concentration des Avantages Économiques dans les Zones Urbaines :

D'un autre côté, les zones urbaines peuvent concentrer les avantages économiques. Les villes sont souvent des centres d'activité économique, d'innovation et d'emploi. Cependant, les avantages de l'urbanisation ne sont pas toujours équitablement répartis, ce qui peut laisser certaines populations en marge des opportunités.

3.2.4.3 Écart Rural-Urbain :

L'écart entre les zones rurales et urbaines peut être significatif. Les populations rurales peuvent être confrontées à des défis tels que le dépeuplement, le manque d'infrastructures de qualité et un accès limité à l'emploi et à l'éducation.

3.2.4.4 Migration Interne :

En réponse à ces inégalités, la migration interne peut être observée, où les individus quittent les régions défavorisées pour chercher de meilleures opportunités en ville. Cela peut avoir des conséquences sur les communautés d'origine, qui perdent souvent des talents et des ressources.

3.2.4.5 Politiques d'Aménagement du Territoire :

Les gouvernements mettent en place des politiques d'aménagement du territoire pour atténuer ces inégalités. Cela peut inclure des investissements dans les infrastructures rurales, des incitations à l'implantation d'entreprises en régions éloignées et des programmes visant à améliorer l'accès à l'éducation et aux soins de santé dans les zones rurales.

3.2.4.6 Défis de l'Urbanisation :

Les zones urbaines prospères peuvent également être confrontées à des défis, tels que le coût élevé de la vie, l'insuffisance de logements abordables et la congestion. Ces problèmes peuvent avoir un impact sur la qualité de vie et la mobilité sociale des habitants urbains.

L'examen des inégalités régionales et urbaines dans le contexte du capitalisme met en lumière les défis que posent ces disparités et les mesures prises pour les atténuer. La mise en place de politiques d'aménagement du territoire équilibrées est essentielle pour créer un environnement économique plus inclusif, où les opportunités sont accessibles à tous, quelle que soit leur région de résidence.

3.2.5 Inégalités de Genre et de Race :

Les inégalités de genre et de race sont des problèmes cruciaux qui peuvent être exacerbés par le capitalisme. Cette sous-section se concentrera sur la manière dont ces inégalités se manifestent et leurs implications. Voici comment nous allons aborder ces questions :

3.2.5.1 Discrimination de Genre au Travail :

Nous examinerons les discriminations de genre au sein de la force de travail. Cela inclut les inégalités salariales entre hommes et femmes pour des emplois équivalents, ainsi que l'accès limité des femmes à des postes de direction et à des domaines professionnels traditionnellement masculins.

3.2.5.2 Inégalités de Revenus et de Richesse :

Nous analyserons comment les inégalités de genre influent sur les inégalités de revenus et de richesse. Les femmes sont souvent confrontées à des salaires plus bas, ce qui peut entraîner une accumulation de richesse plus lente et une plus grande précarité économique.

3.2.5.3 Inégalités de Race au Travail :

De même, nous nous pencherons sur les inégalités de race dans le monde du travail. Les groupes raciaux minoritaires peuvent faire face à des discriminations à l'embauche, des opportunités d'avancement limitées et des disparités salariales par rapport aux travailleurs blancs.

3.2.5.4 Effets Multiples :

Nous discuterons des effets cumulatifs de la discrimination de genre et de race. Les femmes de couleur, par exemple, sont susceptibles de faire face à des inégalités salariales plus prononcées que les femmes blanches, ce qui peut avoir un impact significatif sur leur situation financière.

3.2.5.5 Répercussions Sociales :

Nous examinerons les répercussions sociales de ces inégalités. Les discriminations de genre et de race peuvent avoir un impact sur la qualité de vie, l'accès à l'éducation, la mobilité sociale et la santé mentale.

3.2.5.6 Réponses et Solutions :

Enfin, nous aborderons les réponses et les solutions aux inégalités de genre et de race. Cela peut inclure des politiques visant à éliminer les discriminations, à promouvoir la diversité et l'inclusion, ainsi qu'à garantir des salaires équitables pour tous les travailleurs, indépendamment de leur genre ou de leur race.

Cette analyse approfondie des inégalités de genre et de race dans le contexte du capitalisme nous permettra de mieux comprendre les défis auxquels sont confrontées ces populations et les mesures nécessaires pour favoriser une plus grande équité économique et sociale.

3.2.6 Mobilité Sociale :

La mobilité sociale est un indicateur clé de l'équité et de l'efficacité d'une société. Elle mesure la capacité des individus à progresser économiquement et socialement au sein d'une génération ou entre les générations. La mobilité sociale peut être ascendante, c'est-à-dire la capacité de gravir l'échelle sociale, ou descendante, indiquant une régression sociale. Dans le contexte du capitalisme, la mobilité sociale est influencée de diverses manières :

3.2.6.1 Mobilité Ascendante :

Le capitalisme offre des opportunités d'ascension sociale à travers la création d'entreprises, l'innovation, la réussite entrepreneuriale, l'éducation, et le travail acharné. Les individus talentueux et ambitieux peuvent gravir les échelons économiques et sociaux en exploitant ces opportunités. Les succès entrepreneuriaux, les promotions au sein des entreprises, l'acquisition de compétences recherchées et la création de richesse personnelle sont autant de moyens par lesquels le capitalisme peut favoriser la mobilité ascendante.

3.2.6.2 Mobilité Descendante :

Cependant, le capitalisme peut également entraîner des situations de mobilité descendante. Les crises économiques, les perturbations industrielles, la réduction des emplois, la concurrence féroce et d'autres facteurs peuvent entraîner des régressions sociales. Les individus et les familles peuvent voir leur statut économique décliner en raison de circonstances économiques défavorables, d'échecs commerciaux ou d'autres revers.

3.2.6.3 Inégalités et Mobilité Sociale :

Les inégalités économiques peuvent influencer la mobilité sociale. Plus les inégalités sont élevées, plus il peut être difficile pour les individus de franchir les barrières économiques et sociales. Par exemple, si l'accès à l'éducation de qualité est inégalement réparti en fonction des revenus, cela peut réduire la mobilité ascendante.

3.2.6.4 Politiques et Programmes :

Les gouvernements et les organisations mettent en place des politiques et des programmes visant à encourager la mobilité ascendante et à atténuer la mobilité descendante. Cela peut inclure des subventions à l'éducation, des programmes de formation professionnelle, des politiques de redistribution, et des mesures pour lutter contre les discriminations sur le lieu de travail.

La mobilité sociale est un élément clé pour évaluer l'impact du capitalisme sur la société. Elle peut refléter la capacité d'un système économique à permettre à chacun de réaliser son potentiel et de progresser économiquement, ou à créer des obstacles qui maintiennent les inégalités. Le rôle du capitalisme dans la mobilité sociale est un sujet complexe, et il est essentiel de comprendre comment les politiques et les facteurs économiques peuvent influencer cette dynamique.

3.2.7 Réponses et Solutions :

Face aux inégalités découlant du capitalisme, diverses réponses et solutions ont été développées pour promouvoir l'équité et l'accès égal aux opportunités économiques. Voici quelques-unes des approches clés pour aborder ces inégalités :

3.2.7.1 Politiques de Redistribution :

Les politiques de redistribution visent à réduire les inégalités en transférant des ressources des groupes les plus riches vers les groupes les plus pauvres. Cela peut inclure des systèmes de sécurité sociale, des prestations d'assistance, des crédits d'impôt pour les travailleurs à faible revenu et d'autres mécanismes pour soutenir financièrement les ménages vulnérables.

3.2.7.2 Programmes d'Éducation et de Formation :

L'accès à une éducation de qualité est essentiel pour réduire les inégalités. Des programmes d'éducation et de formation visent à garantir que tous les individus, quel que soit leur milieu socio-économique, aient accès à des opportunités d'apprentissage et de développement de compétences.

3.2.7.3 Élimination des Discriminations :

Les efforts pour éliminer les discriminations basées sur le genre, la race, l'âge et d'autres caractéristiques sont essentiels pour promouvoir l'équité dans le monde du travail. Cela comprend des lois anti-discrimination, des politiques de diversité et des initiatives visant à créer des environnements de travail inclusifs.

3.2.7.4 Initiatives de Mobilité Sociale :

La mobilité sociale, c'est-à-dire la possibilité pour les individus de progresser économiquement et socialement, est un moyen essentiel de réduire les inégalités. Des programmes de mobilité sociale peuvent inclure des opportunités d'avancement, des mesures incitatives pour l'épargne et l'investissement, ainsi que des politiques visant à éliminer les obstacles à la mobilité.

3.2.7.5 Soutien aux Communautés Défavorisées :

Les initiatives de développement communautaire visent à renforcer les communautés défavorisées en fournissant des ressources et des opportunités locales. Cela peut inclure des programmes de revitalisation urbaine, des investissements dans les infrastructures locales et des incitations pour les entreprises à s'implanter dans des zones économiquement désavantagées.

3.2.7.6 Collaboration entre le Secteur Public et Privé :

La collaboration entre les secteurs public et privé peut jouer un rôle clé dans la réduction des inégalités. Les partenariats public-privé visent à résoudre des problèmes sociaux et économiques en combinant les ressources et l'expertise des deux secteurs.

3.2.7.7 Investissements dans l'Innovation Sociale :

L'innovation sociale englobe des initiatives visant à résoudre des problèmes sociaux grâce à des approches novatrices. Cela peut inclure des projets axés sur la réduction de la pauvreté, l'amélioration de l'accès aux soins de santé, l'expansion de l'accès à l'éducation, et bien plus encore.

Ces réponses et solutions s'inscrivent dans une perspective globale visant à promouvoir l'équité, à réduire les inégalités et à garantir que le capitalisme profite à l'ensemble de la société. En adoptant une combinaison de ces approches, les sociétés peuvent travailler à équilibrer les avantages économiques du capitalisme avec la justice sociale.

En examinant ces aspects, nous comprendrons les inégalités qui découlent du capitalisme et les efforts déployés pour atténuer ces inégalités tout en préservant les avantages du système économique.

3.3 - Les conséquences de l'exploitation à grande échelle des ressources naturelles

Cette section se penchera sur les conséquences de l'exploitation intensive des ressources naturelles à grande échelle, une pratique souvent associée au capitalisme. L'extraction de ressources naturelles, qu'il s'agisse de minéraux, de combustibles fossiles, de bois ou d'autres éléments, a des répercussions importantes sur l'environnement, l'économie et les communautés locales. Voici comment nous allons explorer ce sujet :

3.3.1 Épuisement des Ressources Naturelles : Les Risques de l'Exploitation Non Durable

L'épuisement des ressources naturelles est un problème critique exacerbé par l'exploitation non durable, où les ressources sont extraites à un rythme supérieur à leur taux de régénération. Cette pratique peut entraîner des conséquences graves à long terme, affectant non seulement l'environnement mais aussi l'économie et les sociétés. Voici comment l'épuisement des ressources naturelles peut avoir un impact significatif :

3.3.1.1 Raréfaction des Matières Premières :

Lorsque certaines ressources naturelles deviennent rares en raison d'une exploitation excessive, leur disponibilité diminue sur les marchés mondiaux. Cela peut entraîner une augmentation des prix, ce qui a des répercussions sur les industries qui dépendent de ces matières premières, entraînant ainsi une instabilité économique.

3.3.1.2 Dépendance Accrue et Vulnérabilité :

Les économies qui dépendent fortement de ressources naturelles spécifiques, telles que les combustibles fossiles dans le cas du pétrole ou du charbon, deviennent extrêmement vulnérables à l'épuisement de ces ressources. Une dépendance accrue signifie qu'une diminution de l'approvisionnement peut entraîner des pénuries, perturbant la production et l'approvisionnement en énergie.

3.3.1.3 Dégradation des Écosystèmes :

Lorsque les ressources naturelles sont exploitées de manière non durable, les écosystèmes qui les abritent peuvent être gravement endommagés. La déforestation excessive, par exemple, entraîne non seulement la perte d'habitats pour la biodiversité, mais aussi des déséquilibres écologiques avec des conséquences imprévisibles pour la nature.

3.3.1.4 Répercussions Sociales :

Les populations qui dépendent directement des ressources naturelles pour leur subsistance, comme les communautés indigènes ou les pêcheurs locaux, sont les plus touchées par l'épuisement des ressources. La diminution des stocks de poissons, la disparition des forêts ou la détérioration des sols peuvent entraîner la pauvreté et le déplacement de ces communautés.

3.3.1.5 Changements dans les Modèles Économiques :

Lorsque des ressources essentielles deviennent rares, les entreprises et les pays doivent repenser leurs modèles économiques. Cela peut conduire à une transition vers des sources d'énergie renouvelable, à l'exploration de nouvelles technologies pour la gestion durable des ressources, et à des changements dans les comportements de consommation.

Face à ces défis, des efforts concertés sont nécessaires pour promouvoir une utilisation durable des ressources naturelles. Cela implique l'adoption de pratiques de production et de consommation responsables, le développement de technologies innovantes pour la gestion des ressources, ainsi que des politiques et des réglementations efficaces visant à prévenir l'exploitation non durable et à promouvoir la préservation des ressources naturelles pour les générations futures.

3.3.2 Pollution et Dommages Environnementaux :

L'exploitation à grande échelle des ressources naturelles a un impact significatif sur l'environnement, générant une série de problèmes environnementaux graves. Voici une discussion détaillée sur ces impacts :

3.3.2.1 Pollution des Sols et de l'Eau :

L'extraction de ressources naturelles, qu'il s'agisse de l'exploitation minière, de l'exploitation pétrolière ou d'autres activités similaires, peut entraîner la pollution des sols et de l'eau. Les déchets toxiques, les métaux lourds, les produits chimiques et les résidus de traitement peuvent contaminer les sols et les sources d'eau, mettant en danger la santé des écosystèmes et des populations humaines qui en dépendent.

3.3.2.2 Destruction d'Habitats Naturels :

La déforestation due à l'exploitation du bois, la conversion des terres pour l'agriculture et l'urbanisation liée à l'extraction des ressources peuvent entraîner la destruction d'habitats naturels. Cela a des conséquences dévastatrices pour la biodiversité, car de nombreuses espèces dépendent de ces écosystèmes pour leur survie.

3.3.2.3 Perturbation des Écosystèmes :

Les activités d'exploitation des ressources naturelles perturbent les écosystèmes en modifiant les régimes d'écoulement des rivières, en perturbant les migrations d'animaux et en altérant les équilibres naturels. Ces perturbations peuvent avoir des répercussions en cascade sur l'ensemble de l'écosystème, entraînant des déséquilibres et des impacts négatifs sur la faune et la flore.

3.3.2.4 Consommation d'Énergie et Émissions de Gaz à Effet de Serre :

L'exploitation des ressources naturelles, en particulier des combustibles fossiles, nécessite d'importantes quantités d'énergie. Cette consommation d'énergie contribue aux émissions de gaz à effet de serre, contribuant ainsi au changement climatique.

3.3.2.5 Déversements et Accidents :

Les déversements de produits chimiques et de pétrole liés à l'exploitation des ressources peuvent causer des catastrophes environnementales majeures. Les marées noires, les déversements de produits chimiques toxiques et les accidents industriels peuvent avoir des conséquences graves sur les écosystèmes et les communautés côtières.

3.3.2.6 Réhabilitation Environnementale :

Pour atténuer ces impacts, de nombreuses entreprises mettent en place des programmes de réhabilitation environnementale visant à restaurer les zones affectées par l'exploitation. Cela peut inclure la reforestation, la dépollution des sites miniers, la réintroduction d'espèces menacées, et d'autres initiatives visant à réparer les dommages environnementaux.

L'exploitation des ressources naturelles est souvent nécessaire pour répondre aux besoins humains et économiques, mais elle comporte des coûts environnementaux significatifs. Il est essentiel de mettre en place des réglementations, des meilleures pratiques et des technologies plus propres pour minimiser ces impacts tout en répondant aux demandes en matières premières de manière durable.

3.3.3 Changement Climatique et Émissions de Gaz à Effet de Serre :

L'extraction et l'utilisation de combustibles fossiles, en particulier le pétrole, le charbon et le gaz naturel, ont des répercussions majeures sur le changement climatique. Les gaz à effet de serre émis par ces activités contribuent de manière significative aux dérèglements climatiques mondiaux. Cette sous-section examinera en détail les liens entre l'exploitation des combustibles fossiles, les émissions de gaz à effet de serre et la crise climatique actuelle :

3.3.3.1 Émissions de CO_2 et d'autres Gaz à Effet de Serre :

Lors de la combustion des combustibles fossiles pour produire de l'énergie, du CO_2 (dioxyde de carbone) ainsi que d'autres gaz à effet de serre, tels que le méthane et le dioxyde d'azote, sont libérés dans l'atmosphère. Ces gaz captent la chaleur du soleil, provoquant ainsi un réchauffement de la planète.

3.3.3.2 Concentration Atmosphérique de CO_2 :

Nous examinerons la croissance continue de la concentration de CO_2 dans l'atmosphère au cours des dernières décennies. Cette augmentation est étroitement liée à l'utilisation de combustibles fossiles dans les secteurs de l'énergie, de l'industrie et des transports.

3.3.3.3 Impacts du Changement Climatique :

Nous explorerons les effets du changement climatique, tels que l'élévation du niveau de la mer, les phénomènes météorologiques extrêmes, la fonte des glaciers et les bouleversements des écosystèmes. Ces changements ont des conséquences majeures sur l'environnement et les sociétés.

3.3.3.4 Défis et Réponses :

Nous discuterons des défis mondiaux liés au changement climatique et des réponses apportées à cette crise, y compris les accords internationaux tels que l'Accord de Paris. Les efforts pour réduire les émissions de gaz à effet de serre, promouvoir les énergies renouvelables et favoriser l'efficacité énergétique seront également abordés.

3.3.3.5 Transition vers des Énergies Propres :

Nous analyserons la transition en cours vers des énergies propres et durables, telles que l'énergie solaire, éolienne et hydraulique, qui vise à réduire la dépendance aux combustibles fossiles.

3.3.3.6 Importance de l'Atténuation et de l'Adaptation :

Nous soulignerons l'importance de l'atténuation (réduction des émissions) et de l'adaptation (s'adapter aux impacts inévitables) dans la lutte contre le changement climatique.

L'examen de ces aspects permettra de comprendre les implications du lien entre l'exploitation des combustibles fossiles et la crise climatique mondiale. Il mettra également en évidence la nécessité d'adopter des approches durables pour atténuer ces impacts et de faire face aux défis du changement climatique.

3.3.4 Effets sur les Communautés Locales :

L'exploitation à grande échelle des ressources naturelles, qu'il s'agisse de l'extraction minière, de l'exploitation forestière ou de l'exploitation pétrolière, a des conséquences significatives sur les communautés locales. Ces effets socio-économiques peuvent être particulièrement complexes et variés. Voici quelques-uns des aspects importants que nous examinerons :

3.3.4.1 Déplacements de Populations :

L'exploitation des ressources naturelles peut entraîner le déplacement de populations locales de leurs terres ancestrales. Cela peut se produire en raison de la destruction de l'habitat, de l'expropriation de terres ou de la nécessité de faire place à des infrastructures liées à l'exploitation. Ces déplacements peuvent perturber les modes de vie traditionnels et provoquer des déchirements sociaux.

3.3.4.2 Conflits liés à l'Accès aux Ressources :

L'accès aux ressources convoitées peut devenir un enjeu de conflit, tant au sein des communautés locales qu'entre ces communautés et les entreprises ou les gouvernements. Les querelles liées à la propriété des terres, aux droits d'exploitation et à la répartition des bénéfices peuvent conduire à des tensions et à des conflits.

3.3.4.3 Pressions sur les Modes de Vie Traditionnels :

L'exploitation des ressources naturelles peut perturber les modes de vie traditionnels, en particulier dans les communautés qui dépendent étroitement de la terre, de la forêt ou des cours d'eau pour leur subsistance. L'introduction d'activités industrielles peut bouleverser les pratiques agricoles, la pêche, la chasse ou la collecte de ressources naturelles.

3.3.4.4 Impacts sur la Culture et l'Identité :

Les communautés locales peuvent également subir des impacts culturels et identitaires en raison de l'exploitation des ressources naturelles. La perte de terres sacrées, de sites culturels et de traditions liées à la nature peut avoir des conséquences profondes sur l'identité culturelle.

3.3.4.5 Réponses et Solutions :

Nous discuterons également des réponses et des solutions à ces défis. Cela peut inclure des efforts visant à garantir la participation des communautés locales dans la prise de décision, à négocier des accords équitables entre les entreprises et les populations locales, et à promouvoir des pratiques d'exploitation plus responsables sur le plan social.

L'objectif est de comprendre comment l'exploitation des ressources naturelles peut avoir des répercussions significatives sur les communautés locales, en perturbant leurs vies, leurs terres et leurs traditions. En explorant les complexités de ces interactions, nous pouvons mieux appréhender les enjeux liés à l'exploitation des ressources et aux moyens de protéger les intérêts des communautés locales tout en répondant aux besoins économiques.

3.3.5 Dépendance Économique :

L'exploitation à grande échelle des ressources naturelles peut créer une dépendance économique importante et rendre les économies vulnérables à plusieurs niveaux. Cette dépendance se manifeste lorsque les revenus, l'emploi, les exportations et la stabilité financière d'un pays sont étroitement liés à l'exploitation de ressources naturelles, telles que les minéraux, les combustibles fossiles ou les produits agricoles. Voici comment cette dépendance économique se matérialise et les risques qui en découlent :

3.3.5.1 Impact sur les Revenus et les Exportations :

Lorsque les recettes provenant de l'exploitation des ressources naturelles constituent une part significative des revenus nationaux, une économie devient vulnérable aux fluctuations des prix de ces ressources sur les marchés internationaux. Les exportations de matières premières, par exemple, peuvent générer des revenus considérables en période de hausse des prix, mais ces revenus peuvent chuter de manière significative lors de baisses de prix.

3.3.5.2 Risque d'Instabilité Économique :

La volatilité des prix des matières premières peut entraîner une instabilité économique. Les revenus nationaux peuvent fluctuer brusquement en fonction des cycles des prix des matières premières, ce qui peut avoir des répercussions sur la stabilité financière, la croissance économique et la capacité des gouvernements à financer des services publics essentiels.

3.3.5.3 Cycle de Boom et Buste :

Les économies fortement dépendantes des ressources naturelles peuvent être sujettes à un cycle de boom et de buste. En période de hausse des prix, il peut y avoir une croissance rapide, mais lorsque les prix chutent, l'économie peut subir des récessions graves. Cela peut entraîner des perturbations sociales et économiques importantes.

3.3.5.4 Limitation de la Diversification Économique :

La dépendance excessive aux ressources naturelles peut entraver la diversification économique. Les investissements et les ressources se concentrent souvent dans le secteur des ressources naturelles, ce qui peut réduire la diversification économique et la capacité à développer d'autres secteurs, tels que la technologie, la fabrication ou les services.

3.3.5.5 Gestion des Risques et Solutions :

Pour atténuer les risques liés à la dépendance économique aux ressources naturelles, les pays peuvent mettre en place des mécanismes de gestion des risques. Cela peut inclure la constitution de fonds souverains pour stabiliser les revenus, la diversification de l'économie vers d'autres secteurs, la promotion de la recherche et de l'innovation, et l'amélioration de la gouvernance pour garantir que les revenus des ressources naturelles profitent à l'ensemble de la société.

La compréhension de la dépendance économique aux ressources naturelles est essentielle pour élaborer des politiques qui favorisent la résilience économique et la stabilité, en particulier dans un contexte de marchés mondiaux volatils.

3.3.6 Approches Durables et Gestion des Ressources :

Face aux défis posés par l'exploitation à grande échelle des ressources naturelles, il existe un éventail d'approches visant à promouvoir une exploitation plus durable et responsable de ces ressources. Ces approches ont pour objectif de réduire les impacts environnementaux tout en préservant la possibilité de répondre aux besoins actuels et futurs. Voici quelques-unes des approches clés que nous allons explorer :

3.3.6.1 Gestion des Ressources :

La gestion des ressources consiste à planifier et à administrer de manière rationnelle l'utilisation des ressources naturelles. Cela peut inclure la mise en place de quotas de pêche, la réglementation de l'exploitation forestière, la planification de l'utilisation des terres et la gestion de l'eau pour garantir une exploitation durable.

3.3.6.2 Réduction de la Consommation de Matières Premières :

Une approche essentielle consiste à réduire la consommation globale de matières premières. Cela peut passer par la conception de produits durables qui durent plus longtemps, la promotion de la réparation et du recyclage, ainsi que la sensibilisation du public à la consommation responsable.

3.3.6.3 Promotion de Technologies Propres :

Le développement et la promotion de technologies propres sont essentiels pour réduire l'impact environnemental de l'exploitation des ressources naturelles. Cela peut inclure l'utilisation de sources d'énergie renouvelable, de procédés industriels plus efficaces et de pratiques agricoles durables.

3.3.6.4 Économie Circulaire :

L'économie circulaire vise à minimiser le gaspillage et à maximiser la réutilisation et le recyclage des ressources. Cela implique de repenser la manière dont les produits sont conçus, fabriqués, utilisés et éliminés, de manière à créer un cycle continu de ressources.

3.3.6.5 Normes Environnementales et Certification :

L'établissement de normes environnementales et de certifications peut contribuer à encourager des pratiques plus responsables. Cela inclut des normes de durabilité pour les industries extractives, l'agriculture biologique, les produits forestiers certifiés, etc.

3.3.6.6 Éducation et Sensibilisation :

L'éducation et la sensibilisation du public sont cruciales pour encourager des comportements plus durables. Informer les consommateurs sur l'origine et l'impact environnemental des produits peut les inciter à faire des choix plus responsables.

3.3.6.7 Réglementation et Incitations :

Les gouvernements peuvent jouer un rôle clé en élaborant des réglementations environnementales strictes et en offrant des incitations financières pour encourager des pratiques durables. Cela peut inclure des crédits d'impôt pour les technologies vertes, des taxes sur les émissions de carbone et des réglementations sur la réhabilitation des sites miniers.

L'exploration de ces approches mettra en lumière les moyens par lesquels les sociétés peuvent réduire les impacts de l'exploitation des ressources naturelles et favoriser une gestion plus responsable de notre environnement et de nos ressources.

3.3.7 L'Économie Circulaire et l'Innovation :

L'économie circulaire est une approche qui vise à transformer notre modèle économique traditionnel, linéaire, en un modèle plus durable. Elle repose sur la réduction du gaspillage, la réutilisation et le recyclage des ressources, de manière à minimiser l'épuisement des matières premières et à réduire l'impact environnemental. Cette section explorera l'économie circulaire et l'innovation qui l'accompagne, ainsi que ses avantages potentiels.

3.3.7.1 Principes de l'Économie Circulaire :

L'économie circulaire repose sur plusieurs principes clés, notamment la conception de produits durables et faciles à réparer, la réutilisation des produits en fin de vie, le recyclage des matériaux et la réduction de la consommation de ressources. Nous expliquerons ces principes et leur pertinence pour la durabilité.

3.3.7.2 Innovation dans la Conception de Produits :

L'innovation joue un rôle central dans l'économie circulaire. Nous aborderons comment la conception de produits peut être repensée pour minimiser les déchets, prolonger la durée de vie des produits et faciliter leur recyclage. Des exemples de produits innovants et durables seront présentés.

3.3.7.3 Modèles Économiques Circulaires :

Nous discuterons des différents modèles économiques circulaires, tels que la location de produits, la vente de services plutôt que de biens, et la création de chaînes d'approvisionnement circulaires. Ces modèles encouragent une utilisation plus efficace des ressources.

3.3.7.4 Avantages de l'Économie Circulaire :

Nous mettrons en avant les avantages potentiels de l'économie circulaire, notamment la réduction des coûts liés à la gestion des déchets, la création d'emplois dans le recyclage et la réparation, la réduction de l'impact environnemental et la préservation des ressources naturelles.

3.3.7.5 Défis et Barrières :

Nous n'oublierons pas de mentionner les défis et les barrières à l'adoption de l'économie circulaire, notamment les coûts initiaux plus élevés de certains produits durables et la nécessité de repenser les chaînes d'approvisionnement existantes.

Nous illustrerons ces concepts avec des exemples d'innovations circulaires réussies, qu'il s'agisse de l'industrie de la mode, de l'électronique, de l'alimentation ou d'autres secteurs.

En abordant l'économie circulaire et l'innovation qui l'accompagne, cette section mettra en évidence le potentiel de réduire les déchets, de préserver les ressources naturelles et d'atténuer les conséquences néfastes de l'exploitation à grande échelle des ressources naturelles. Elle démontrera comment l'innovation peut jouer un rôle majeur dans la transition vers des modèles économiques plus durables.

3.4 - L'impact sur la biodiversité et les risques d'extinction

Cette section explorera les effets du capitalisme sur la biodiversité et les risques d'extinction des espèces. Alors que le capitalisme a permis des avancées économiques significatives, il a également contribué à la perte de biodiversité et à des menaces sur de nombreuses espèces. Voici comment nous allons aborder ce sujet :

3.4.1 Perte d'Habitats Naturels :

L'expansion des activités capitalistes a engendré une série de changements majeurs dans les paysages naturels, avec des conséquences néfastes pour de nombreuses espèces animales et végétales. Voici comment l'expansion des activités capitalistes a conduit à la perte d'habitats naturels essentiels :

3.4.1.1 Urbanisation :

L'urbanisation, qui résulte de la croissance des villes et de l'augmentation de la population, a entraîné la conversion de vastes étendues de terres naturelles en zones urbaines et suburbaines. La construction de routes, de bâtiments et d'infrastructures a détruit des écosystèmes précieux, notamment des forêts, des zones humides et des prairies, qui servaient d'habitats à de nombreuses espèces.

3.4.1.2 Agriculture Intensive :

L'agriculture intensive, souvent encouragée par le capitalisme, a conduit à la conversion de terres sauvages en terres agricoles destinées à la culture de céréales, à l'élevage et à la production de produits agricoles à grande échelle. Cette conversion a entraîné la perte d'habitats naturels, la fragmentation des écosystèmes et la destruction d'espaces naturels tels que les zones humides et les prairies.

3.4.1.3 Exploitation des Ressources Naturelles :

Les activités d'extraction minière, pétrolière et gazière, ainsi que l'exploitation forestière, ont un impact considérable sur les habitats naturels. La déforestation pour l'exploitation du bois et la conversion de terres en mines ou en sites d'extraction ont entraîné la destruction d'habitats vitaux pour de nombreuses espèces.

3.4.1.4 Développement de l'Infrastructure :

Le développement d'infrastructures telles que les routes, les ponts, les barrages et les ports, souvent nécessaire pour soutenir la croissance économique, a conduit à la fragmentation des habitats naturels. Les barrières physiques créées par ces infrastructures limitent la mobilité des espèces et peuvent entraîner leur isolement.

3.4.1.5 Zones Côtières et Littorales :

L'urbanisation côtière, liée au développement de l'industrie touristique et résidentielle, a eu un impact particulièrement important sur les zones côtières et littorales. La construction de stations balnéaires, de ports et de marinas a modifié les écosystèmes côtiers et les a rendus vulnérables à l'érosion et à la montée du niveau de la mer.

3.4.1.6 Conséquences pour la Biodiversité :

La perte d'habitats naturels a des conséquences graves pour la biodiversité. Elle peut entraîner la disparition de plantes et d'animaux endémiques, la fragmentation des populations, la diminution des effectifs d'espèces menacées et la perturbation des écosystèmes.

Pour atténuer ces impacts, des approches telles que la conservation des zones naturelles, la planification urbaine durable, la promotion de l'agriculture respectueuse de l'environnement et la réglementation de l'exploitation des ressources naturelles sont essentielles. Cette discussion met en évidence les défis auxquels le capitalisme est confronté pour concilier la croissance économique avec la préservation de la biodiversité.

3.4.2 Pollution et Contamination :

La pollution, la contamination des sols et de l'eau, ainsi que la dispersion de déchets toxiques ont des effets dévastateurs sur les écosystèmes et la biodiversité, ce qui soulève des préoccupations majeures en lien avec le capitalisme. Voici comment ces aspects peuvent être explorés en détail :

3.4.2.1 Pollution de l'Air et de l'Eau :

Nous aborderons l'émission de polluants atmosphériques provenant d'activités industrielles, telles que les usines, les centrales électriques et les transports. Ces polluants peuvent contaminer l'air et l'eau, entraînant des problèmes de santé pour la faune, la flore et les êtres humains.

3.4.2.2 Impact sur la Qualité de l'Eau :

Nous discuterons des effets de la pollution sur la qualité de l'eau des rivières, des lacs et des océans. La contamination des sources d'eau peut avoir des conséquences graves sur les écosystèmes aquatiques, menaçant la survie de nombreuses espèces.

3.4.2.3 Contamination des Sols :

Nous analyserons comment la contamination des sols par des produits chimiques toxiques, tels que les pesticides, les métaux lourds et les produits pétroliers, peut affecter la biodiversité des sols et la santé des plantes.

3.4.2.4 Déchets Toxiques :

Nous expliquerons les risques associés à la dispersion de déchets toxiques provenant de l'industrie, notamment les décharges et les sites d'enfouissement. Les fuites de substances toxiques peuvent contaminer les sols, l'eau souterraine et les écosystèmes environnants.

3.4.2.5 Biodiversité Terrestre et Aquatique :

Nous décrirons les impacts sur la biodiversité terrestre, notamment la disparition d'espèces végétales et animales, ainsi que sur la biodiversité aquatique, notamment la dégradation des récifs coralliens et la diminution des populations de poissons.

3.4.2.6 Conséquences à Long Terme :

Nous mettrons en lumière les conséquences à long terme de la pollution et de la contamination, notamment la bioaccumulation de toxines dans la chaîne alimentaire et les effets cumulatifs sur les écosystèmes.

3.4.2.7 Approches de Réduction de la Pollution :

Nous discuterons des stratégies et des réglementations visant à réduire la pollution, telles que les normes environnementales, les technologies de réduction des émissions et les incitations à l'adoption de pratiques plus propres.

3.4.2.8 Protection de la Biodiversité :

Nous explorerons également les initiatives de protection de la biodiversité, telles que la création de réserves naturelles, la restauration d'habitats dégradés et les efforts de conservation des espèces menacées.

Cette analyse détaillée permettra aux lecteurs de comprendre l'ampleur des impacts environnementaux associés au capitalisme, tout en mettant en évidence l'importance des efforts pour réduire la pollution, protéger la biodiversité et promouvoir des pratiques durables.

3.4.3 Surpêche et Exploitation Forestière :

La surpêche et l'exploitation forestière non durables sont deux activités liées au capitalisme qui ont un impact significatif sur les écosystèmes marins et forestiers. Dans cette section, nous examinerons de plus près ces menaces et leurs conséquences.

3.4.3.1 Surpêche :

La surpêche se produit lorsque la pêche commerciale dépasse la capacité naturelle de renouvellement des stocks de poissons. Les pressions économiques pour répondre à la demande croissante de produits de la mer ont conduit à des pratiques de pêche non durables, notamment la capture excessive de poissons, la pêche illégale et la destruction des habitats marins. Les conséquences incluent :

3.4.3.1.1 Effondrement des Stocks :

La capture excessive de poissons a conduit à l'effondrement de nombreux stocks de poissons, ce qui menace la durabilité des pêcheries.

3.4.3.1.2 Déséquilibre des Écosystèmes :

La surpêche perturbe les écosystèmes marins en éliminant certaines espèces de prédateurs, ce qui peut entraîner une prolifération d'espèces proies et perturber l'équilibre écologique.

3.4.3.1.3 Perte de Moyens de Subsistance :

La surpêche peut avoir des impacts socio-économiques, en particulier dans les communautés dépendantes de la pêche, où la diminution des ressources peut signifier la perte de moyens de subsistance.

3.4.3.2 Exploitation Forestière Non Durable :

L'exploitation forestière non durable se produit lorsque les forêts sont exploitées de manière excessive, sans une gestion adéquate des ressources forestières. Les pressions économiques pour l'exploitation du bois, de la cellulose et d'autres produits forestiers ont entraîné des conséquences néfastes pour les écosystèmes forestiers. Les impacts comprennent :

3.4.3.2.1 Déforestation :

L'exploitation forestière non durable a contribué à la déforestation, qui entraîne la perte d'habitats, la fragmentation des forêts et la réduction de la biodiversité.

3.4.3.2.2 Destruction des Écosystèmes :

L'abattage d'arbres peut perturber les écosystèmes forestiers, affectant la faune et la flore indigènes.

3.4.3.2.3 Changements Climatiques :

La déforestation libère du carbone stocké dans les arbres, contribuant ainsi au changement climatique.

3.4.3.2.4 Érosion des Sols :

L'exploitation forestière non durable peut entraîner une érosion des sols, réduisant ainsi la fertilité des terres.

Dans cette section, nous aborderons également les pratiques durables de pêche et d'exploitation forestière, ainsi que les initiatives de conservation visant à minimiser les impacts négatifs sur les écosystèmes marins et forestiers. Nous montrerons comment l'adoption de pratiques plus durables peut contribuer à la préservation de ces ressources vitales pour la planète.

3.4.4 Espèces Envahissantes :

L'introduction d'espèces envahissantes est un problème grave qui découle en partie du commerce international et qui a des conséquences significatives sur les espèces indigènes et les écosystèmes. Voici quelques éléments clés de cette problématique :

3.4.4.1 Origine des Espèces Envahissantes :

Les espèces envahissantes, également appelées espèces exotiques envahissantes, sont des espèces animales, végétales ou microbiennes qui sont introduites dans un nouvel environnement où elles ne sont pas indigènes. Cette introduction peut se produire de diverses manières, mais l'une des plus courantes est liée au commerce international. Les espèces peuvent être transportées involontairement dans les cargaisons de marchandises, les bagages ou les conteneurs de fret.

3.4.4.2 Impact sur les Espèces Indigènes :

Lorsqu'une espèce envahissante est introduite dans un nouvel habitat, elle peut avoir un impact dévastateur sur les espèces indigènes. Elle peut concurrencer les espèces locales pour la nourriture, l'espace et les ressources, ce qui peut entraîner le déplacement ou même l'extinction des espèces indigènes. De plus, certaines espèces envahissantes peuvent transmettre des maladies ou perturber les chaînes alimentaires locales.

3.4.4.3 Impact sur les Écosystèmes :

Les espèces envahissantes peuvent également perturber les écosystèmes dans leur ensemble. Elles peuvent altérer la structure des communautés biologiques, affecter la pollinisation des plantes indigènes, modifier les cycles de nutriments et perturber les équilibres écologiques. Ces perturbations peuvent avoir un impact négatif sur la résilience et la stabilité des écosystèmes.

3.4.4.4 Exemples d'Espèces Envahissantes :

Il existe de nombreux exemples d'espèces envahissantes dans le monde, notamment le moustique tigre asiatique en Europe, la renouée du Japon en Amérique du Nord, et le rat brun à Hawaï. Ces espèces ont été introduites par le biais du commerce et ont eu des conséquences dommageables.

3.4.4.5 Prévention et Gestion :

La prévention de l'introduction d'espèces envahissantes est cruciale. Cela passe par des réglementations strictes, des inspections aux frontières, des traitements de désinfection, et des efforts de sensibilisation auprès des acteurs du commerce international. La gestion des espèces envahissantes une fois qu'elles sont établies est également essentielle. Cela peut impliquer des méthodes de contrôle, telles que l'éradication, la gestion des populations, ou la restauration des écosystèmes touchés.

En résumé, l'introduction d'espèces envahissantes liée au commerce international constitue un défi environnemental majeur. Il est essentiel de prendre des mesures pour minimiser les risques associés à cette introduction, afin de protéger les espèces indigènes et les écosystèmes fragiles de notre planète.

3.4.5 Changement Climatique :

Le changement climatique est l'un des défis majeurs auquel notre planète est confrontée, et il est en grande partie alimenté par les émissions de gaz à effet de serre (GES) résultant des activités humaines. Le capitalisme, en tant que système économique mondial axé sur la production, la consommation et la croissance, a joué un rôle significatif dans l'augmentation des émissions de GES. Voici comment le capitalisme contribue au changement climatique et quel impact cela a sur les habitats naturels et la répartition des espèces :

3.4.5.1 Émissions de Gaz à Effet de Serre :

Le capitalisme a encouragé l'industrialisation et l'expansion économique, ce qui a conduit à une augmentation significative des émissions de GES. Les activités telles que la combustion de combustibles fossiles pour la production d'énergie, le transport, l'industrie et l'agriculture ont contribué de manière substantielle aux émissions de dioxyde de carbone (CO_2), de méthane (CH_4) et de protoxyde d'azote (N_2O).

3.4.5.2 Effets sur le Climat :

Les émissions de GES retiennent la chaleur dans l'atmosphère, créant un effet de serre qui élève les températures mondiales. Cela entraîne un réchauffement climatique généralisé, qui se manifeste par des phénomènes tels que la fonte des calottes glaciaires, l'élévation du niveau de la mer, des événements météorologiques extrêmes et des perturbations des régimes climatiques.

3.4.5.3 Perturbations des Habitats Naturels :

Le changement climatique perturbe les habitats naturels de nombreuses espèces. Les animaux et les plantes sont adaptés à des conditions climatiques spécifiques et à des saisons de reproduction. L'augmentation des températures, les modifications des précipitations et d'autres phénomènes liés au changement climatique peuvent rendre ces habitats moins viables.

3.4.5.4 Répartition des Espèces :

En réponse au changement climatique, de nombreuses espèces sont confrontées à la nécessité de migrer vers de nouveaux habitats pour survivre. Cela peut perturber les écosystèmes existants et entraîner des conflits entre espèces. De plus, certaines espèces pourraient se trouver piégées dans des zones inadaptées et être menacées d'extinction.

3.4.5.5 Conséquences sur la Biodiversité :

Le changement climatique représente une menace sérieuse pour la biodiversité. Les espèces qui ne peuvent pas s'adapter rapidement ou migrer vers des habitats adaptés sont exposées à un risque accru d'extinction. Cela peut entraîner une perte significative de diversité biologique.

3.4.5.6 Pressions Économiques :

Les changements climatiques ont également des conséquences économiques, en affectant les secteurs tels que l'agriculture, la pêche, le tourisme et l'assurance. Les événements climatiques extrêmes peuvent entraîner des pertes matérielles considérables.

En résumé, le capitalisme a encouragé une expansion économique rapide, ce qui a conduit à une augmentation des émissions de GES responsables du changement climatique. Cela a des répercussions directes sur les habitats naturels et la répartition des espèces, mettant en péril la biodiversité et créant des défis importants pour la préservation de notre planète. Pour lutter contre ces effets néfastes, des mesures de réduction des émissions de GES, d'adaptation et de conservation sont nécessaires à l'échelle mondiale.

3.4.6 Espèces Menacées et Extinction :

Les pressions exercées par le capitalisme sur la biodiversité ont conduit à une augmentation alarmante du nombre d'espèces menacées d'extinction à travers le monde. Cette section se penchera sur ce problème complexe, en explorant les espèces en danger et les efforts de conservation déployés pour les protéger.

3.4.6.1 Espèces en Danger :

Nous discuterons des espèces emblématiques et de nombreuses autres qui sont actuellement menacées d'extinction en raison de la destruction de leurs habitats, de la surpêche, de la pollution, des espèces envahissantes et des changements climatiques. Des exemples spécifiques mettront en lumière la diversité de ces espèces en danger.

3.4.6.2 Conséquences Écologiques :

Nous expliquerons les conséquences écologiques de la perte d'espèces. La disparition d'une espèce peut perturber un écosystème entier, affectant la chaîne alimentaire, la pollinisation, la régulation des populations et d'autres services écologiques essentiels.

3.4.6.3 Conservation et Mesures de Sauvegarde :

Nous examinerons les efforts de conservation déployés pour protéger les espèces en danger. Cela comprend des initiatives telles que la création de réserves naturelles, la réintroduction d'espèces dans leur habitat d'origine, la réglementation de la pêche et de la chasse, ainsi que des programmes de protection de l'habitat.

3.4.6.4 Rôle des Gouvernements et des Organisations :

Nous aborderons le rôle des gouvernements, des organisations de conservation et des initiatives internationales dans la préservation de la biodiversité. Des accords internationaux, tels que la Convention sur le commerce international des espèces de faune et de flore sauvages menacées d'extinction (CITES), seront évoqués.

3.4.6.5 Éducation et Sensibilisation :

Nous mettrons en évidence l'importance de l'éducation et de la sensibilisation du public à la protection de la biodiversité. Les efforts pour sensibiliser le public et encourager des comportements respectueux de l'environnement joueront un rôle central.

3.4.6.6 Défis de la Conservation :

Nous discuterons des défis auxquels la conservation est confrontée, tels que le financement insuffisant, la coordination internationale, les obstacles politiques et les défis liés à la restauration d'habitats dégradés.

En mettant en lumière les espèces en danger et les efforts de conservation déployés pour les sauvegarder, cette section rappellera l'importance de la biodiversité pour notre planète et l'urgence de la protéger. Elle montrera également comment les individus, les communautés et les gouvernements peuvent contribuer à préserver la diversité biologique de notre monde.

3.4.7 Lien entre Biodiversité et Économie :

La biodiversité est un élément fondamental de notre planète. Elle englobe la variété des formes de vie sur Terre, des micro-organismes aux animaux et aux plantes. La biodiversité contribue de manière significative à l'économie et au bien-être humain de plusieurs manières, mais elle est aussi menacée par les activités économiques. Cette section explorera le lien complexe entre la biodiversité et l'économie.

3.4.7.1 Biodiversité et Agriculture :

Nous mettrons en avant l'importance de la biodiversité pour l'agriculture. Les écosystèmes sains et diversifiés fournissent des services écosystémiques tels que la pollinisation des cultures, la régulation des ravageurs et la fertilité des sols. La perte de biodiversité peut avoir des conséquences directes sur la productivité agricole, ce qui peut entraîner des coûts économiques supplémentaires.

3.4.7.2 Biodiversité et Pêche :

Nous aborderons le rôle crucial de la biodiversité dans le secteur de la pêche. Les écosystèmes marins diversifiés sont essentiels pour la survie des espèces cibles, mais aussi pour la résilience des pêcheries face aux changements environnementaux. La surexploitation des ressources marines peut entraîner une réduction des captures et des coûts supplémentaires liés à la gestion des pêcheries.

3.4.7.3 Biodiversité et Tourisme :

Nous discuterons de l'importance de la biodiversité pour l'industrie du tourisme. De nombreux sites touristiques dépendent de la beauté naturelle et de la diversité des écosystèmes, de la faune et de la flore. La perte de biodiversité peut réduire l'attrait touristique et avoir un impact sur les revenus générés par le tourisme.

3.4.7.4 Coûts de la Perte de Biodiversité :

Nous expliquerons comment la perte de biodiversité peut entraîner des coûts économiques importants, notamment des coûts de remplacement des services écosystémiques perdus, des coûts liés à la régulation des ravageurs, et des coûts de réhabilitation des écosystèmes dégradés.

3.4.7.5 Opportunités de Valorisation de la Biodiversité :

Nous mettrons également en avant les opportunités de valorisation de la biodiversité, notamment par le biais de l'écotourisme, de la valorisation des produits issus de la biodiversité, et de la recherche biomimétique inspirée par la nature.

Cette section démontrera que la biodiversité est essentielle pour l'économie et qu'elle est liée à de nombreux secteurs. La perte de biodiversité peut entraîner des coûts économiques substantiels, ce qui souligne l'importance de la conservation et de la gestion durable des ressources naturelles pour préserver ces avantages économiques.

3.4.8 Pratiques Durables et Conservation :

La préservation de la biodiversité et la gestion durable des écosystèmes sont cruciales pour atténuer les menaces qui pèsent sur la diversité biologique due au capitalisme. Cette section se concentrera sur les pratiques durables et les mesures de conservation qui visent à protéger la biodiversité tout en permettant un développement économique. Voici quelques points clés que nous aborderons :

3.4.8.1 Gestion des Aires Protégées :

Nous explorerons le rôle des aires protégées, telles que les parcs nationaux, les réserves marines et les zones de conservation, dans la préservation de la biodiversité. Nous discuterons de l'importance de la surveillance et de la gestion efficaces de ces zones.

3.4.8.2 Agriculture Durable :

Nous aborderons les pratiques agricoles durables, telles que l'agroécologie, la rotation des cultures et l'agriculture biologique, qui réduisent l'utilisation d'engrais et de pesticides, préservent les sols et favorisent la biodiversité.

3.4.8.3 Gestion de la Pêche :

Nous discuterons des approches de gestion de la pêche durable, telles que les quotas, les zones de pêche réglementées et la protection des aires de reproduction, visant à protéger les populations de poissons et les écosystèmes marins.

3.4.8.4 Conservation de la Forêt :

Nous explorerons les initiatives de conservation des forêts, notamment la certification forestière, la reforestation et la gestion forestière durable pour lutter contre la déforestation.

3.4.8.5 Commerce Équitable :

Nous expliquerons comment le commerce équitable peut promouvoir des pratiques durables en offrant des incitations économiques aux producteurs locaux pour adopter des méthodes respectueuses de l'environnement.

3.4.8.6 Restauration d'Écosystèmes :

Nous discuterons de la restauration d'écosystèmes endommagés, y compris les projets de réintroduction d'espèces menacées et de revitalisation de zones dégradées.

3.4.8.7 Éducation et Sensibilisation :

Nous mettrons en avant l'importance de l'éducation et de la sensibilisation du public à la conservation de la biodiversité, ainsi que des initiatives pour encourager la participation communautaire.

3.4.8.8 Rôle des Gouvernements et des Organisations Internationales :

Nous soulignerons le rôle des gouvernements, des organismes de réglementation et des organisations internationales dans la promotion de la conservation de la biodiversité.

En examinant ces pratiques durables et ces mesures de conservation, cette section mettra en évidence comment la protection de la biodiversité peut être intégrée dans les modèles économiques capitalistes. Elle montrera que le capitalisme peut évoluer vers un modèle plus respectueux de l'environnement grâce à des actions concertées et des politiques adéquates.

4.Les Dérives du Capitalisme

Dans l'ombre grandissante des gratte-ciel, dans les couloirs des institutions financières et au cœur des marchés mondiaux, une force économique puissante et complexe a façonné notre monde moderne. Le capitalisme, avec ses triomphes indéniables, a également semé les graines de nombreuses dérives et injustices. "Les Dérives du Capitalisme" est une plongée profonde dans l'âme ambiguë de ce système économique.

Au fil des pages de ce livre, nous entreprendrons un voyage au cœur des triomphes du capitalisme, depuis les révolutions industrielles qui ont propulsé la croissance économique jusqu'aux innovations technologiques qui ont révolutionné notre manière de vivre. Nous célébrerons les réussites qui ont amélioré la qualité de vie de millions de personnes à travers le monde.

Cependant, "Les Dérives du Capitalisme" ne détournera pas le regard des côtés sombres. Nous dévoilerons les excès, les inégalités et les conséquences imprévues de ce système. Nous aborderons les défis posés par les crises financières, les disparités croissantes entre riches et pauvres, ainsi que les préoccupations environnementales qui menacent notre planète.

Ce livre est une invitation à la réflexion, au débat et à la prise de conscience. Nous ne prétendons pas avoir toutes les réponses, mais nous souhaitons susciter des discussions nécessaires sur la direction que nous, en tant que société, souhaitons emprunter. Nous explorons des idées pour un capitalisme plus responsable, plus inclusif et plus éthique.

"Les Dérives du Capitalisme" est un appel à l'action. Nous vous invitons à vous joindre à nous pour explorer les limites du capitalisme, discuter de ses implications et envisager un avenir où le progrès économique peut coexister avec la justice sociale et la préservation de notre planète.

Dans un monde marqué par l'incertitude et la complexité, ce livre vise à éclairer les débats, à catalyser le changement et à encourager un regard critique sur le capitalisme et son avenir. En fin de compte, c'est une exploration de la manière dont nous pouvons forger un avenir plus équilibré, plus durable et plus humain.

Dans ce chapitre, nous explorerons les aspects problématiques du capitalisme, en mettant en lumière les dérives qui peuvent survenir lorsque la quête du profit n'est pas équilibrée par des considérations sociales, environnementales et morales. Le capitalisme, en tant que système économique, a été à la fois un moteur de prospérité et une source de préoccupations. Nous examinerons ces défis de manière approfondie, en nous concentrant sur plusieurs domaines clés :

4.1 - L'émergence d'une élite ultra-fortunée

L'une des dérives majeures du capitalisme contemporain est l'accentuation de l'inégalité économique, conduisant à la montée d'une élite ultra-fortunée. Dans cette section, nous explorerons les origines et les implications de cette concentration de richesse, ainsi que les débats qu'elle suscite.

4.1.1 Les Causes de l'Inégalité Croissante

L'émergence d'une élite ultra-fortunée est le résultat de plusieurs facteurs interconnectés qui ont contribué à l'accroissement des inégalités économiques. Comprendre ces facteurs est essentiel pour cerner les racines de ce phénomène :

4.1.1.1 Mondialisation :

La mondialisation a ouvert de nouvelles opportunités commerciales et d'investissement à l'échelle mondiale. Cependant, elle a également favorisé les entreprises multinationales et les individus fortunés capables de tirer parti de cette ouverture économique. Les délocalisations, la concurrence internationale et les flux de capitaux ont souvent bénéficié à l'élite économique.

4.1.1.2 Financiarisation de l'Économie :

La financiarisation de l'économie, qui met l'accent sur les marchés financiers, a permis à ceux qui sont impliqués dans la finance et la spéculation de réaliser d'énormes profits. Les instruments financiers sophistiqués et les transactions à haute fréquence ont renforcé la position de l'élite financière.

4.1.1.3 Fiscalité Avantageuse pour les Riches :

Dans de nombreuses juridictions, la fiscalité est conçue de manière à réduire la charge fiscale des personnes fortunées et des grandes entreprises. Les paradis fiscaux et les mécanismes d'évasion fiscale ont permis à l'élite de réduire considérablement sa contribution fiscale.

4.1.1.4 Inégalités Salariales :

Les inégalités salariales, avec des rémunérations disproportionnées entre les travailleurs hautement qualifiés et les travailleurs moins qualifiés, ont joué un rôle majeur. Les dirigeants d'entreprises et les cadres supérieurs bénéficient souvent de salaires bien plus élevés que la moyenne, amplifiant les inégalités.

4.1.1.5 Technologie et Automatisation :

L'automatisation et les avancées technologiques ont réduit la demande de main-d'œuvre dans certains secteurs, ce qui a pu avoir un impact négatif sur les travailleurs moins qualifiés. En revanche, les détenteurs de compétences techniques hautement spécialisées ont souvent profité de ces avancées.

4.1.1.6 Héritage et Capital :

Les héritages familiaux, la transmission de la richesse d'une génération à l'autre et les investissements dans des actifs tels que l'immobilier ont contribué à la perpétuation de la richesse au sein de certaines familles.

Ces facteurs, combinés, ont créé un environnement propice à l'accumulation de richesse par une élite ultra-fortunée. Cependant, il est important de noter que la complexité de ce problème signifie qu'il n'y a pas de solution unique, et une compréhension approfondie de ces facteurs est nécessaire pour envisager des réponses efficaces aux inégalités économiques croissantes.

4.1.2 Impacts Sociaux et Économiques

L'inégalité croissante et l'émergence d'une élite ultra-fortunée ont des conséquences profondes sur la société et l'économie. Dans cette section, nous examinerons en détail les répercussions de cette inégalité sur divers aspects de la vie humaine.

4.1.2.1 Disparités d'Accès à l'Éducation :

Nous aborderons les conséquences de l'inégalité économique sur l'accès à l'éducation. Les familles défavorisées peuvent avoir du mal à financer une éducation de qualité pour leurs enfants, ce qui perpétue un cycle d'inégalité. Nous discuterons des obstacles auxquels sont confrontés les étudiants issus de milieux défavorisés et des solutions pour accroître l'accès à une éducation de qualité.

4.1.2.2 Impact sur la Santé :

L'inégalité économique a des répercussions sur la santé. Les individus à faible revenu sont plus susceptibles de faire face à des problèmes de santé, de ne pas avoir accès à des soins médicaux adéquats et de souffrir de stress lié à la précarité financière. Nous discuterons des liens entre l'inégalité et la santé, ainsi que des approches pour réduire ces disparités.

4.1.2.3 Accès au Logement :

L'inégalité économique influe sur le marché du logement, avec des effets sur la disponibilité de logements abordables pour les populations à revenu modeste. Nous explorerons les problèmes de logement abordable, d'itinérance et de logements de mauvaise qualité, ainsi que les initiatives pour remédier à ces problèmes.

4.1.2.4 Opportunités Économiques :

Nous analyserons comment l'inégalité peut limiter les opportunités économiques pour certaines populations. Les obstacles à l'entrepreneuriat, l'accès limité aux financements et la difficulté d'accéder à des emplois bien rémunérés pour les personnes défavorisées seront abordés.

4.1.2.5 Mobilité Sociale :

Nous évoquerons la mobilité sociale, c'est-à-dire la capacité des individus à progresser socialement et économiquement au fil de leur vie. L'inégalité économique peut entraver la mobilité sociale en créant des barrières à l'ascension sociale. Nous explorerons les mécanismes qui favorisent ou entravent la mobilité sociale.

4.1.2.6 Cohésion Sociale :

Enfin, nous discuterons de l'impact de l'inégalité sur la cohésion sociale. Des inégalités économiques excessives peuvent générer des tensions sociales et des sentiments d'injustice. Nous aborderons les conséquences pour la stabilité et le bien-être de la société.

Cette analyse des conséquences de l'inégalité économique mettra en évidence les défis auxquels sont confrontées les sociétés confrontées à l'émergence d'une élite ultra-fortunée. Elle fournira également un cadre de réflexion pour la recherche de solutions visant à atténuer ces disparités et à créer des sociétés plus équitables et inclusives.

4.1.3 Les Défis de la Gouvernance Mondiale

L'émergence de l'élite ultra-fortunée à l'échelle mondiale soulève des défis importants en matière de gouvernance économique. Les institutions internationales et les accords économiques jouent un rôle crucial dans la régulation de la richesse mondiale et la lutte contre l'évasion fiscale à grande échelle. Dans cette section, nous examinerons en détail ces questions :

4.1.3.1 Rôle des Institutions Internationales :

Nous mettrons en évidence le rôle des institutions internationales telles que le Fonds monétaire international (FMI), la Banque mondiale et l'Organisation des Nations Unies (ONU) dans la promotion de la stabilité financière mondiale, la réduction de la pauvreté et la régulation des flux de capitaux.

4.1.3.2 Accords Économiques Internationaux :

Nous analyserons l'impact des accords économiques internationaux, tels que les traités de libre-échange et les accords de protection des investissements, sur la répartition de la richesse. Nous discuterons de leurs avantages potentiels en termes de croissance économique et de leurs inconvénients en termes d'impact sur les inégalités.

4.1.3.3 Lutte Contre l'Évasion Fiscale :

Nous explorerons les efforts déployés au niveau international pour lutter contre l'évasion fiscale des entreprises et des individus fortunés. Des initiatives telles que l'échange automatique d'informations fiscales et la réforme des paradis fiscaux seront abordées.

4.1.3.4 Réformes et Débats :

Nous discuterons des propositions de réformes au niveau international visant à promouvoir la transparence financière, à harmoniser les politiques fiscales et à renforcer la régulation financière. Nous analyserons également les débats sur l'efficacité de ces mesures.

4.1.3.5 L'Éthique de la Gouvernance Économique :

Enfin, nous aborderons les considérations éthiques entourant la gouvernance économique mondiale, notamment la question de savoir si les institutions internationales parviennent à équilibrer la croissance économique avec la justice sociale.

Cette section mettra en lumière les défis complexes auxquels la gouvernance mondiale est confrontée dans un contexte où l'élite ultra-fortunée peut avoir une influence significative sur les politiques économiques à l'échelle mondiale. Elle encouragera la réflexion sur les moyens de renforcer la régulation économique internationale pour promouvoir un équilibre plus équitable.

4.1.4 Les Réponses et les Solutions à l'Inégalité Croissante

Face à l'émergence de cette élite ultra-fortunée et à l'accroissement des inégalités, des initiatives et des solutions sont mises en œuvre pour atténuer ces problèmes. Cette section mettra en lumière certaines de ces réponses essentielles :

4.1.4.1 Réformes Fiscales :

Nous discuterons des réformes fiscales visant à taxer davantage les plus riches, à éliminer les échappatoires fiscales et à promouvoir une fiscalité plus équitable. Les mesures telles que l'instauration d'impôts progressifs, la taxation des gains en capital et la lutte contre l'évasion fiscale seront abordées.

4.1.4.2 Politiques de Redistribution :

Nous explorerons les politiques de redistribution des richesses, telles que les transferts sociaux, les programmes d'aide aux familles à faible revenu et les initiatives de logement abordable. Ces mesures visent à réduire les disparités économiques et à garantir un niveau de vie décent pour tous.

4.1.4.3 Défense des Droits des Travailleurs :

Nous mettrons en avant l'importance de la défense des droits des travailleurs, notamment le droit à un salaire équitable, à des conditions de travail décentes et à la négociation collective. Nous discuterons des mouvements syndicaux et de leur rôle dans la lutte contre l'exploitation.

4.1.4.4 Promotion de Salaires Équitables :

Nous analyserons les efforts pour promouvoir des salaires équitables, notamment les salaires minimums décents et les incitations à une rémunération équitable pour tous les travailleurs, indépendamment de leur niveau de qualification ou de leur secteur d'activité.

4.1.4.5 Investissement dans l'Éducation et la Formation :

Nous aborderons les investissements dans l'éducation et la formation professionnelle en tant que moyens d'accroître la mobilité sociale et d'ouvrir des opportunités à tous, indépendamment de leur origine socio-économique.

4.1.4.6 Lutte contre la Discrimination :

Nous discuterons des mesures pour lutter contre la discrimination, qu'elle soit fondée sur le genre, l'ethnie, la religion ou d'autres caractéristiques, afin de garantir un accès équitable aux opportunités économiques.

4.1.4.7 Responsabilité des Entreprises et de l'Élite :

Nous explorerons le rôle des entreprises et des individus fortunés dans la promotion de pratiques commerciales éthiques, de la philanthropie et de la responsabilité sociale. Nous examinerons comment les entreprises peuvent contribuer à réduire les inégalités.

Cette section montrera que des solutions existent pour atténuer l'inégalité croissante générée par le capitalisme. Elle soulignera l'importance de l'action collective, de la régulation gouvernementale et de la responsabilité sociale pour créer un système plus équilibré et inclusif.

4.1.5 La Responsabilité des Entreprises et de l'Élite

La montée de l'élite ultra-fortunée a suscité des débats sur la responsabilité des entreprises et des individus riches envers la société. Dans cette section, nous explorerons le rôle que ces acteurs peuvent jouer en matière de responsabilité sociale, de philanthropie et de soutien à des causes sociales.

4.1.5.1 Responsabilité Sociale des Entreprises (RSE) :

Nous commencerons par discuter de la Responsabilité Sociale des Entreprises, qui englobe les actions entreprises par les sociétés pour intégrer des considérations sociales et environnementales dans leurs activités. Nous analyserons comment les entreprises peuvent contribuer à la réduction des inégalités, à la création d'emplois de qualité, à la protection de l'environnement, et à d'autres objectifs sociaux.

4.1.5.2 Philanthropie et Donations :

Nous explorerons le rôle de la philanthropie, notamment les dons significatifs faits par les individus fortunés et les fondations caritatives. Nous examinerons comment ces contributions peuvent financer des projets sociaux, éducatifs, culturels, et environnementaux.

4.1.5.3 Les Limites de la Philanthropie :

Cependant, nous soulignerons également les limites de la philanthropie. Les décisions philanthropiques peuvent parfois refléter les préférences personnelles des donateurs plutôt que les besoins sociaux réels. De plus, elles ne remplacent pas une action gouvernementale systématique.

4.1.5.4 Engagement Civique :

Nous discuterons de l'importance de l'engagement civique des individus fortunés et des entreprises. Cela inclut la participation à des initiatives de bénévolat, à des conseils d'administration d'organismes à but non lucratif, et à des partenariats avec des ONG pour résoudre des problèmes sociaux.

4.1.5.5 Soutien aux Causes Sociales :

Nous mettrons en évidence des exemples d'entreprises et de philanthropes qui ont soutenu des causes sociales importantes, telles que l'éducation, la lutte contre la pauvreté, la santé publique et la préservation de l'environnement.

4.1.5.6 Débats sur le Pouvoir et l'Influence :

Enfin, nous aborderons les débats sur le pouvoir et l'influence que les entreprises et les individus riches peuvent exercer en raison de leurs contributions financières. Cela soulève des questions sur la démocratie et la reddition de comptes.

Cette section nous amènera à réfléchir sur le rôle potentiellement positif de la responsabilité sociale des entreprises et de la philanthropie dans l'atténuation des inégalités et des dérives du capitalisme. Elle mettra également en lumière les limites de ces approches et les questions éthiques qui les entourent.

4.1.6 Les Réflexions sur l'Équilibre entre Récompense et Responsabilité

L'équilibre entre la récompense financière pour le succès économique et la responsabilité envers la société est au cœur des débats éthiques et moraux dans un contexte capitaliste. Cette question soulève des interrogations essentielles sur la nature du succès économique, les obligations envers la communauté et la définition d'une répartition juste des richesses. Voici comment nous aborderons cette réflexion :

4.1.6.1 Récompense et Réussite Économique :

Nous commencerons par explorer la notion de récompense pour le succès économique. Comment définissons-nous le succès dans une économie capitaliste ? Quelle est la légitimité de récompenser le mérite et l'innovation ?

4.1.6.2 Responsabilité envers la Société :

Nous analyserons la responsabilité que les individus et les entreprises ont envers la société. Cela englobera des considérations sur la contribution à la collectivité, le respect des droits des travailleurs, la minimisation de l'impact environnemental et la philanthropie.

4.1.6.3 Les Défis de la Redistribution :

Nous examinerons les défis et les débats entourant la redistribution des richesses. Quels mécanismes, fiscaux ou autres, sont appropriés pour rétablir un équilibre dans la répartition des ressources ?

4.1.6.4 La Question de l'Éthique Personnelle :

Nous aborderons la dimension personnelle de l'éthique dans le capitalisme, en nous demandant dans quelle mesure les individus et les entreprises devraient prendre des décisions morales au-delà des obligations légales.

4.1.6.5 Le Rôle de l'État et des Régulations :

Nous explorerons le rôle des gouvernements et des régulations dans la création d'un cadre éthique pour le capitalisme, en garantissant la justice économique et sociale.

4.1.6.6 Philanthropie et Investissement Social :

Nous discuterons des mécanismes par lesquels les entreprises et les individus peuvent contribuer à des causes sociales par le biais de la philanthropie, de l'investissement social et de la responsabilité d'entreprise.

4.1.6.7 Réflexions sur la Justice et l'Équité :

En fin de compte, nous encouragerons une réflexion plus large sur la justice et l'équité, en se penchant sur les valeurs et les principes qui devraient guider la répartition des richesses dans une société capitaliste.

Cette réflexion sur l'équilibre entre la récompense financière et la responsabilité envers la société nous amènera à examiner les fondements moraux du capitalisme et à considérer comment il peut être réorienté pour mieux servir le bien-être collectif.

4.2 - Lutte contre la pauvreté et les inégalités

La lutte contre la pauvreté et les inégalités est un défi majeur dans les sociétés capitalistes. Dans cette section, nous explorerons les efforts déployés pour atténuer ces problèmes, ainsi que les politiques et les actions visant à créer un équilibre économique plus juste.

4.2.1 Les Dimensions de la Pauvreté

La pauvreté est un concept complexe qui ne se limite pas à la simple insuffisance de revenus. Elle comporte diverses dimensions qui rendent compte de la complexité de cette réalité. Dans cette section, nous explorerons ces différentes dimensions de la pauvreté et mettrons en évidence les groupes de population les plus vulnérables.

4.2.1.1 Pauvreté Monétaire :

La pauvreté monétaire est la forme la plus couramment associée à la pauvreté. Elle se mesure en fonction du revenu ou du seuil de pauvreté monétaire défini dans une société donnée. Nous discuterons des critères utilisés pour déterminer ce seuil et des méthodes de mesure de la pauvreté monétaire.

4.2.1.2 Pauvreté Multidimensionnelle :

La pauvreté multidimensionnelle prend en compte un éventail de facteurs, tels que l'accès à l'éducation, aux soins de santé, à un logement adéquat et à l'eau potable. Nous expliquerons comment cette approche plus holistique reflète la réalité de la pauvreté de manière plus précise.

4.2.1.3 Pauvreté Relative :

La pauvreté relative compare la situation économique d'un individu ou d'un ménage à celle de la population environnante. Nous discuterons de la manière dont cette approche met en lumière les inégalités sociales et la perception individuelle de la pauvreté.

4.2.1.4 Populations Vulnérables :

Nous examinerons les groupes de population particulièrement touchés par la pauvreté. Cela inclut les enfants, les personnes âgées, les minorités ethniques, les personnes handicapées et les familles monoparentales. Nous analyserons les causes de la vulnérabilité de ces groupes.

En comprenant les différentes dimensions de la pauvreté et en identifiant les populations les plus vulnérables, nous serons mieux préparés à aborder les politiques et les initiatives visant à lutter contre la pauvreté et à réduire les inégalités. Cette compréhension plus complète de la pauvreté contribuera à orienter les actions vers des solutions plus efficaces et équitables.

4.2.2 Les Causes de la Pauvreté et des Inégalités

La pauvreté et les inégalités économiques ont des causes profondes qui vont au-delà des simples disparités de revenus. Dans cette section, nous plongerons dans les causes sous-jacentes de la pauvreté et des inégalités pour comprendre les mécanismes qui les perpétuent. Voici les principaux domaines que nous explorerons :

4.2.2.1 Chômage et Précarité de l'Emploi :

Nous analyserons le rôle du chômage et de la précarité de l'emploi dans la création de la pauvreté. Les périodes de chômage prolongé ou les emplois mal rémunérés peuvent entraîner une instabilité économique.

4.2.2.2 Inégalités Salariales :

Nous aborderons les inégalités salariales, en examinant les disparités entre les rémunérations des travailleurs, en fonction de facteurs tels que le sexe, la race, la formation et l'expérience. Les discriminations sur le lieu de travail seront également discutées.

4.2.2.3 Accès Inégal à l'Éducation :

Nous mettrons en lumière l'importance de l'éducation en tant que levier pour l'ascension sociale. Cependant, l'accès inégal à une éducation de qualité peut perpétuer les inégalités économiques.

4.2.2.4 Accès Inégal aux Soins de Santé :

Nous discuterons des disparités en matière d'accès aux soins de santé, qui peuvent avoir des conséquences économiques importantes en cas de problèmes de santé.

4.2.2.5 Discriminations :

Nous explorerons comment les discriminations, qu'elles soient basées sur le genre, la race, la religion, l'orientation sexuelle ou d'autres caractéristiques, peuvent créer des inégalités économiques en limitant les opportunités professionnelles.

4.2.2.6 Défis de Mobilité Sociale :

Nous analyserons les obstacles à la mobilité sociale, c'est-à-dire la capacité des individus à s'élever dans l'échelle sociale. Les inégalités de départ peuvent rendre difficile l'amélioration de la situation économique.

4.2.2.7 Cycle de la Pauvreté :

Nous discuterons du concept du "cycle de la pauvreté", où les individus et les familles piégés dans la pauvreté rencontrent des obstacles systémiques pour en sortir.

4.2.2.8 Le Rôle des Facteurs Structurels :

Nous examinerons également les facteurs structurels du capitalisme, tels que la mondialisation, la financiarisation de l'économie et la fiscalité, qui peuvent contribuer aux inégalités.

En explorant ces causes sous-jacentes de la pauvreté et des inégalités, nous aurons une vue d'ensemble complète des défis que les sociétés capitalistes doivent surmonter pour créer un équilibre économique plus équitable. Cette compréhension nous aidera à envisager des solutions efficaces pour lutter contre la pauvreté et les inégalités.

4.2.3 Politiques de Protection Sociale

Les politiques de protection sociale sont des mécanismes essentiels dans la lutte contre la pauvreté et les inégalités au sein des sociétés capitalistes. Elles visent à offrir un filet de sécurité économique pour les individus et les familles en situation de précarité. Dans cette section, nous examinerons en détail ces politiques et leur impact sur la réduction de la pauvreté. Voici les points clés que nous aborderons :

4.2.3.1 Allocations Familiales :

Nous explorerons les programmes d'allocations familiales, qui versent des prestations financières aux familles pour aider à subvenir aux besoins de leurs enfants. Ces allocations visent à réduire la pauvreté des enfants et à améliorer leur bien-être.

4.2.3.2 Prestations de Chômage :

Nous discuterons des prestations de chômage, qui fournissent un filet de sécurité aux travailleurs qui perdent leur emploi. Ces prestations visent à atténuer les effets de la perte d'emploi et à prévenir la pauvreté due au chômage.

4.2.3.3 Soins de Santé Universels :

Nous analyserons les systèmes de soins de santé universels, qui garantissent l'accès à des soins médicaux de base pour tous les citoyens. Ces systèmes réduisent les inégalités en matière de santé en offrant des services de qualité à l'ensemble de la population.

4.2.3.4 Programmes de Sécurité Alimentaire :

Nous aborderons les programmes de sécurité alimentaire, tels que les bons alimentaires et les banques alimentaires, qui aident les ménages à faible revenu à accéder à une alimentation adéquate. Ces programmes luttent contre la faim et la malnutrition.

4.2.3.5 Couverture Médicale pour les Plus Vulnérables :

Nous discuterons de la couverture médicale spéciale pour les groupes les plus vulnérables, tels que les personnes âgées, les personnes handicapées et les sans-abri. Ces programmes visent à garantir que même les populations les plus fragiles aient accès aux soins.

4.2.3.6 Débats et Réformes :

Nous examinerons les débats entourant la conception et le financement de ces politiques de protection sociale. Les questions liées à la viabilité financière, à l'efficacité et à l'équité seront au cœur des réflexions.

4.2.3.7 Impact sur la Réduction de la Pauvreté :

Nous analyserons l'impact global de ces politiques sur la réduction de la pauvreté, en évaluant leur efficacité et leur capacité à prévenir la précarité.

Cette section mettra en évidence le rôle central des politiques de protection sociale dans la création d'une société plus équitable. Elle montrera comment ces mécanismes contribuent à atténuer les inégalités économiques en fournissant un soutien vital aux individus et aux familles en situation de précarité.

4.2.4 Initiatives de Lutte contre la Pauvreté

La lutte contre la pauvreté a conduit à un éventail d'initiatives visant à améliorer la vie des personnes touchées par ce fléau. Ces initiatives ont été conçues pour fournir des solutions pratiques et aider les individus à sortir de la pauvreté. Voici un aperçu des principales initiatives de lutte contre la pauvreté :

4.2.4.1 Programmes de Microcrédit :

Les programmes de microcrédit ont émergé comme un moyen efficace d'aider les entrepreneurs et les petits entrepreneurs à démarrer ou développer leurs activités. Nous explorerons comment ces programmes fonctionnent, leur impact sur la création d'emplois et la réduction de la pauvreté, et les exemples de réussite.

4.2.4.2 Formations Professionnelles :

La formation professionnelle vise à renforcer les compétences des individus et à les préparer à des emplois mieux rémunérés. Nous examinerons les programmes de formation professionnelle, leur accessibilité et leur contribution à l'ascension sociale.

4.2.4.3 Programmes de Logement Abordable :

L'accès au logement est un défi majeur pour de nombreuses personnes vivant dans la pauvreté. Nous discuterons des programmes de logement abordable, notamment les logements sociaux, les coopératives d'habitation et les mesures destinées à réduire l'itinérance.

4.2.4.4 Réinsertion pour les Personnes Sans-abri :

Les programmes de réinsertion visent à aider les personnes sans-abri à retrouver un logement stable et à réintégrer la société. Nous explorerons les approches de réinsertion, y compris les services de soutien, les centres d'accueil et les logements de transition.

4.2.4.5 Développement de Compétences Financières :

La gestion financière est cruciale pour sortir de la pauvreté. Nous analyserons les initiatives de développement de compétences financières qui aident les individus à mieux gérer leurs finances, à épargner et à éviter le surendettement.

4.2.4.6 Programmes de Nutrition et de Santé :

La pauvreté peut être liée à des problèmes de santé. Nous discuterons des programmes de nutrition, de soins de santé abordables et d'accès aux médicaments essentiels pour améliorer la santé des communautés défavorisées.

4.2.4.7 Réponses Communautaires :

Enfin, nous mettrons en avant les initiatives de lutte contre la pauvreté menées par des organisations locales et des communautés elles-mêmes. Cela inclura des exemples de projets axés sur l'autonomisation des populations locales.

En explorant ces initiatives de lutte contre la pauvreté, nous montrerons comment une combinaison d'efforts locaux, nationaux et internationaux peut contribuer à réduire la pauvreté et à améliorer la qualité de vie des personnes touchées. Ces programmes illustrent comment le capitalisme peut être mis au service du bien-être collectif en favorisant l'inclusion économique et sociale.

4.2.5 Politiques de Redistribution des Richesses

La redistribution des richesses est une composante essentielle de la lutte contre les inégalités dans une économie capitaliste. Cette section examinera les politiques de redistribution des richesses, les mécanismes mis en place pour réduire les écarts de revenus et les débats qui les entourent.

4.2.5.1 Réformes Fiscales Progressives :

Nous discuterons des réformes fiscales qui visent à rendre le système d'imposition plus progressif. Cela implique souvent l'augmentation des taux d'imposition pour les tranches de revenus plus élevées, de manière à financer des programmes sociaux et des services publics.

4.2.5.2 Impôts sur la Fortune :

Nous analyserons les impôts sur la fortune, qui ciblent la richesse accumulée par les individus les plus fortunés. Ces impôts sont conçus pour réduire la concentration de richesse et financer des initiatives de lutte contre la pauvreté.

4.2.5.3 Programmes de Transfert de Revenus :

Nous examinerons les programmes de transfert de revenus, tels que les allocations familiales, les prestations de chômage et les bons alimentaires, qui fournissent un filet de sécurité économique aux individus et aux familles en difficulté.

4.2.5.4 Systèmes de Sécurité Sociale :

Nous aborderons les systèmes de sécurité sociale, qui offrent une assistance financière aux personnes âgées, aux handicapés et aux personnes dans le besoin. Nous discuterons de leur rôle dans la réduction de la pauvreté et de l'inégalité.

4.2.5.5 Défis de la Redistribution :

Nous mettrons en évidence les défis associés à la redistribution des richesses, y compris les préoccupations concernant les incitations à travailler, les coûts budgétaires et les débats idéologiques sur le rôle de l'État.

4.2.5.6 Effets de la Redistribution :

Nous analyserons les effets attendus de la redistribution des richesses, tels que la réduction des inégalités de revenus, l'amélioration de l'accès à l'éducation et aux soins de santé, et la promotion de l'équité économique.

4.2.5.7 Évaluation des Politiques de Redistribution :

Nous évaluerons les politiques de redistribution à la lumière de leurs succès et de leurs échecs, en nous basant sur des exemples historiques et contemporains.

4.2.5.8 Débats Idéologiques :

Enfin, nous discuterons des débats idéologiques qui entourent la redistribution des richesses, notamment les désaccords sur la taille du gouvernement, les droits individuels et les conceptions de la justice économique.

Cette discussion approfondie sur les politiques de redistribution des richesses soulignera l'importance de l'équité dans les sociétés capitalistes et mettra en évidence les mécanismes par lesquels les inégalités peuvent être atténuées. Elle nous amènera à réfléchir sur les meilleures approches pour créer un équilibre entre l'efficacité économique et la justice sociale.

4.2.6 Inclusion Économique et Mobilité Sociale

L'inclusion économique et la mobilité sociale sont des objectifs essentiels pour créer une société plus équitable et offrir des opportunités équitables à tous les individus, quelle que soit leur origine sociale ou économique. Dans cette sous-section, nous explorerons les efforts déployés pour atteindre ces objectifs cruciaux.

4.2.6.1 Inclusion Économique :

Nous commencerons par définir l'inclusion économique, qui consiste à garantir que chaque individu a un accès égal aux marchés du travail, à l'éducation, aux services financiers et aux opportunités économiques. Nous discuterons des politiques visant à éliminer les obstacles à l'inclusion économique, tels que la discrimination, l'exclusion sociale et les inégalités d'accès.

4.2.6.2 Mobilité Sociale :

Nous aborderons ensuite la mobilité sociale, qui se réfère à la capacité d'un individu à améliorer sa position socio-économique au cours de sa vie. Nous analyserons les facteurs qui favorisent la mobilité sociale, notamment l'éducation, la formation, l'accès aux emplois de qualité et les opportunités d'entrepreneuriat.

4.2.6.3 Éducation et Formation :

L'éducation joue un rôle majeur dans la promotion de l'inclusion économique et de la mobilité sociale. Nous discuterons des initiatives éducatives visant à réduire les inégalités d'accès à l'éducation et à garantir une éducation de qualité pour tous.

4.2.6.4 Formation Professionnelle et Apprentissage :

La formation professionnelle et l'apprentissage tout au long de la vie sont essentiels pour améliorer les compétences des individus et favoriser leur mobilité sociale. Nous examinerons les programmes de formation professionnelle, les stages et les opportunités de perfectionnement professionnel.

4.2.6.5 Emplois de Qualité :

La création d'emplois de qualité, offrant des salaires équitables, des avantages sociaux et des perspectives de carrière, est cruciale pour l'inclusion économique. Nous mettrons en avant les politiques visant à promouvoir de tels emplois.

4.2.6.6 Réduction des Discriminations :

Nous discuterons des initiatives visant à réduire les discriminations, qu'elles soient basées sur le genre, la race, l'origine ethnique ou d'autres facteurs. La lutte contre la discrimination contribue à une plus grande équité sociale.

4.2.6.7 Opportunités d'Entrepreneuriat :

L'entrepreneuriat peut être un moteur de mobilité sociale. Nous explorerons les programmes de soutien aux entrepreneurs, en mettant l'accent sur l'accès au financement, la formation entrepreneuriale et le mentorat.

4.2.6.8 Le Rôle de la Responsabilité Sociale des Entreprises :

Nous analyserons comment les entreprises peuvent contribuer à l'inclusion économique et à la mobilité sociale par le biais de leurs pratiques de responsabilité sociale. Cela inclut la promotion de la diversité et de l'inclusion au sein des entreprises.

4.2.6.9 Défis et Perspectives :

Enfin, nous discuterons des défis persistants dans la réalisation de l'inclusion économique et de la mobilité sociale. Nous évoquerons les perspectives pour l'avenir, en mettant l'accent sur l'importance d'une approche globale de l'équité sociale et économique.

Cette section mettra en avant l'importance de l'inclusion économique et de la mobilité sociale pour la construction d'une société plus juste et équilibrée. Elle soulignera que le capitalisme peut être un moteur de progrès social, à condition que des mesures appropriées soient prises pour garantir que ses avantages soient partagés par tous.

4.2.7 Le Rôle des Entreprises et de la Responsabilité Sociale

Les entreprises jouent un rôle essentiel dans la lutte contre la pauvreté et les inégalités en tant qu'acteurs économiques clés. Leur engagement en faveur de la responsabilité sociale des entreprises (RSE) peut avoir un impact significatif sur la réduction de ces problèmes. Dans cette section, nous examinerons de manière approfondie comment les entreprises contribuent à ces objectifs.

4.2.7.1 Responsabilité Sociale des Entreprises (RSE) :

Nous commencerons par définir la RSE et expliquerons comment elle englobe les pratiques commerciales visant à créer un impact social positif. Cela peut inclure des initiatives pour améliorer les conditions de travail, réduire l'empreinte environnementale et soutenir les communautés locales.

4.2.7.2 Politiques de Diversité et d'Inclusion :

Nous explorerons comment la promotion de la diversité et de l'inclusion au sein des entreprises peut aider à atténuer les inégalités. Les politiques de diversité encouragent la représentation de groupes sous-représentés, tandis que l'inclusion vise à créer un environnement de travail équitable pour tous les employés.

4.2.7.3 Investissements Communautaires :

Les entreprises ont la capacité d'investir dans les communautés où elles opèrent. Nous examinerons comment ces investissements peuvent contribuer à la lutte contre la pauvreté en créant des emplois, en soutenant l'éducation, en offrant des opportunités de développement économique local, et en fournissant un soutien financier aux organisations caritatives et aux initiatives sociales.

4.2.7.4 Exemples de Bonnes Pratiques :

Nous illustrerons ces concepts en présentant des exemples d'entreprises qui ont mis en œuvre des politiques de RSE réussies, des programmes de diversité et d'inclusion efficaces, et des projets d'investissement communautaire bénéfiques.

4.2.7.5 Défis et Critiques :

Néanmoins, nous n'ignorerons pas les critiques de la RSE, notamment celles qui soulignent les limites de l'engagement volontaire des entreprises et appellent à une réglementation plus stricte.

4.2.7.6 Impact sur la Lutte contre la Pauvreté et les Inégalités :

Nous analyserons comment ces actions des entreprises contribuent à la réduction de la pauvreté et des inégalités et discuterons de leur rôle dans la création d'une société plus équitable.

4.2.7.7 Perspectives Futures :

Enfin, nous examinerons les perspectives d'avenir de l'implication des entreprises dans la lutte contre la pauvreté et les inégalités, y compris les tendances émergentes et les nouvelles approches.

Cette section mettra en évidence le potentiel des entreprises en tant que moteurs de changement positif dans la société, tout en reconnaissant les défis et les discussions en cours concernant la RSE et l'éthique commerciale. Elle offrira un aperçu des moyens par lesquels le secteur privé peut contribuer à des objectifs sociaux importants.

4.2.8 Défis Persistants et Perspectives pour des Sociétés Plus Équitables

La lutte contre la pauvreté et les inégalités est un processus continu et complexe, impliquant des défis persistants ainsi que des perspectives d'amélioration. Dans cette dernière sous-section, nous aborderons ces aspects.

4.2.8.1 Défis Persistants :

- *Inégalités de Genre* : Nous reconnaissons que les inégalités de genre sont encore un défi significatif, et nous discuterons des initiatives visant à atteindre l'égalité entre les sexes sur le plan économique.

- *Pauvreté dans les Pays en Développement* : Nous évoquerons la persistance de la pauvreté dans de nombreuses régions en développement et les efforts internationaux visant à réduire cette pauvreté.

- *Le Rôle de l'Éducation* : L'accès à une éducation de qualité reste un défi, et nous aborderons les implications de l'éducation pour la mobilité économique.

4.2.8.2 Perspectives pour des Sociétés Plus Équitables :

- *Renforcement de la Protection Sociale* : Nous soulignerons l'importance du renforcement des filets de sécurité sociaux pour prévenir la pauvreté.

- *Investissements dans l'Éducation* : Nous mettrons en avant l'investissement dans l'éducation comme un levier clé pour réduire les inégalités et encourager la mobilité sociale.

- *Économie Inclusive* : Nous discuterons des modèles économiques inclusifs qui favorisent l'équité et la participation de tous.

- *Promotion de l'Emploi Digne* : Nous explorerons les politiques visant à garantir un accès équitable à des emplois décents et rémunérateurs.

- *L'Éthique des Affaires* : Nous évoquerons l'importance croissante de l'éthique des affaires et de la responsabilité sociale des entreprises pour promouvoir l'équité économique.

- *Innovation et Technologie* : Nous discuterons de la manière dont l'innovation et la technologie peuvent être utilisées pour réduire les inégalités et améliorer le bien-être économique.

- *Mobilisation Citoyenne* : Nous mettrons en avant le rôle des citoyens, des organisations de la société civile et des mouvements sociaux dans la promotion de la justice économique.

Cette discussion finale soulignera que la lutte contre la pauvreté et les inégalités est un engagement à long terme, et que des actions continues et coordonnées à l'échelle nationale et internationale sont nécessaires pour créer des sociétés plus équitables et justes. Elle mettra également en lumière l'importance d'une vision inclusive du capitalisme qui profite à l'ensemble de la société.

4.3 - Rôle des gouvernements et des régulations

Les gouvernements et les régulations jouent un rôle essentiel dans la gestion des dérives du capitalisme et la création d'un environnement économique plus équitable. Cette section examinera de manière approfondie le rôle des institutions gouvernementales et des régulations dans la régulation du capitalisme.

4.3.1 Réglementation et Surveillance

La réglementation gouvernementale et la surveillance des activités économiques jouent un rôle central dans la gestion des dérives du capitalisme. Dans cette sous-section, nous approfondirons ce sujet essentiel en explorant les différentes facettes de la réglementation et de la surveillance.

4.3.1.1 Importance de la Transparence :

La transparence est un élément clé de la réglementation. Nous discuterons de l'importance de la divulgation complète d'informations financières et commerciales, permettant aux investisseurs, aux consommateurs et aux parties prenantes de prendre des décisions éclairées.

4.3.1.2 Surveillance des Marchés Financiers :

Nous examinerons le rôle des agences de réglementation des marchés financiers dans la surveillance des transactions, la prévention de la fraude et la garantie de l'intégrité des marchés boursiers. Des exemples concrets de crises financières et de réglementation seront abordés.

4.3.1.3 Régulation des Entreprises :

Nous analyserons les réglementations gouvernementales qui visent à contrôler le comportement des entreprises, y compris les lois antitrust pour prévenir la concentration excessive de pouvoir, les réglementations environnementales pour réduire les impacts sur l'environnement, et les normes de sécurité du travail pour protéger les employés.

4.3.1.4 Protection des Consommateurs :

Nous aborderons la réglementation visant à protéger les droits des consommateurs, en garantissant la qualité des produits, la sécurité des aliments et des médicaments, ainsi que la protection contre les pratiques commerciales trompeuses.

4.3.1.5 Application des Règles :

Nous discuterons de l'importance de l'application efficace des règles et des sanctions en cas de violation. Les mécanismes de mise en application, y compris les organismes gouvernementaux et les tribunaux, seront mis en lumière.

4.3.1.6 Débats sur la Dérégulation et la Ré-régulation :

Nous présenterons les débats actuels sur la dérégulation, qui prône la réduction de la réglementation gouvernementale, ainsi que sur la ré-régulation, qui vise à renforcer la réglementation à la suite de crises financières ou environnementales.

4.3.1.7 Enjeux Internationaux :

Nous discuterons des défis liés à la réglementation à l'échelle internationale, y compris les différences de réglementation entre les pays et les tentatives de création de normes mondiales.

Cette discussion approfondie du rôle de la réglementation et de la surveillance gouvernementales montrera comment ces mécanismes sont essentiels pour garantir le fonctionnement éthique des marchés capitalistes et la protection des intérêts publics. Elle mettra également en lumière les dilemmes et les enjeux liés à l'équilibre entre régulation et liberté économique.

4.3.2 Fiscalité et Redistribution

La fiscalité est un outil puissant pour la redistribution des richesses dans une économie capitaliste. Elle peut contribuer à atténuer les inégalités en prélevant des fonds auprès des individus et des entreprises prospères pour financer des programmes sociaux, des services publics et d'autres initiatives visant à soutenir les populations vulnérables. Dans cette sous-section, nous explorerons en profondeur le rôle de la fiscalité dans la promotion de l'équité économique.

4.3.2.1 Impôts Progressifs :

Les impôts progressifs sont conçus de manière à ce que les taux d'imposition augmentent avec le revenu. Nous discuterons de la logique derrière cette approche, qui vise à ce que ceux qui gagnent plus paient une part plus importante de leurs revenus en impôts. Nous aborderons également les débats sur la progressivité des impôts, notamment les limites de l'imposition progressive et les questions d'évasion fiscale.

4.3.2.2 Taxes sur les Transactions Financières :

Les taxes sur les transactions financières sont conçues pour prélever un pourcentage des transactions financières, telles que les achats d'actions ou de devises. Nous explorerons comment ces taxes peuvent non seulement générer des recettes, mais aussi dissuader la spéculation excessive sur les marchés financiers. Nous discuterons des avantages et des limites de cette approche.

4.3.2.3 Mécanismes Fiscaux Spécifiques :

En plus des impôts progressifs et des taxes sur les transactions financières, nous examinerons d'autres mécanismes fiscaux, tels que les crédits d'impôt pour les ménages à faible revenu, les déductions fiscales pour les dons de bienfaisance et les incitations fiscales pour l'investissement dans des domaines tels que les énergies renouvelables.

4.3.2.4 Évasion et Évitement Fiscaux :

Nous ne manquerons pas d'aborder les problèmes d'évasion fiscale et d'évitement fiscal, qui peuvent réduire l'efficacité des politiques fiscales. Nous discuterons des efforts visant à lutter contre ces pratiques, notamment l'échange d'informations fiscales internationales et les réformes législatives.

4.3.2.5 Équilibre entre l'Impôt et la Croissance Économique :

Nous évoquerons également les débats sur l'équilibre entre la charge fiscale et la croissance économique. Certains soutiennent que des taux d'imposition élevés peuvent décourager l'investissement et la création d'emplois, tandis que d'autres insistent sur le besoin de revenus fiscaux pour financer des programmes sociaux essentiels.

4.3.2.6 Réforme Fiscale et Perspectives d'Avenir :

Enfin, nous conclurons en discutant des propositions de réforme fiscale, des idées pour rendre la fiscalité plus équitable et des voies possibles pour l'avenir de la fiscalité dans les économies capitalistes.

4.3.3 Politiques de Protection Sociale

Les politiques de protection sociale jouent un rôle crucial dans la réduction de la pauvreté, la promotion de l'équité et la création d'un filet de sécurité économique pour les individus et les familles. Dans cette sous-section, nous explorerons en détail ces politiques et leur impact sur les sociétés capitalistes.

4.3.3.1 Soins de Santé Universels :

Nous discuterons des avantages et des défis liés aux systèmes de soins de santé universels. Ces systèmes garantissent un accès équitable aux soins médicaux, quelle que soit la situation financière, et contribuent à prévenir la pauvreté médicale.

4.3.3.2 Programmes de Sécurité Sociale :

Nous analyserons les programmes de sécurité sociale, tels que les allocations familiales, les prestations de chômage et les pensions de retraite. Ces programmes offrent un soutien financier aux individus et aux familles en période de besoin, contribuant ainsi à réduire les inégalités.

4.3.3.3 Filets de Sécurité Économique :

Nous explorerons l'importance des filets de sécurité économique, tels que les programmes d'aide alimentaire, d'aide au logement et d'aide d'urgence. Ces mécanismes offrent une protection temporaire aux individus en situation de précarité économique.

4.3.3.4 Le Rôle de la Redistribution :

Nous aborderons comment la redistribution des richesses, souvent opérée par le biais de ces politiques de protection sociale, contribue à atténuer les inégalités économiques.

4.3.3.5 Les Défis de Financement :

Nous discuterons des défis liés au financement de ces politiques de protection sociale, y compris les questions budgétaires, la fiscalité et l'équilibre entre les dépenses publiques et privées.

4.3.3.6 Impact sur la Pauvreté :

Nous évaluerons l'impact de ces politiques sur la réduction de la pauvreté et sur la création d'un filet de sécurité économique pour les individus confrontés à des difficultés financières.

4.3.3.7 Modèles Internationaux :

Nous examinerons différents modèles de protection sociale à travers le monde, mettant en lumière les réussites et les leçons apprises.

4.3.3.8 Évolution des Politiques de Protection Sociale :

Enfin, nous aborderons l'évolution des politiques de protection sociale dans le contexte changeant de l'économie mondiale, en mettant l'accent sur l'adaptation aux défis actuels.

4.3.4 Investissement Public dans les Infrastructures et Réduction des Inégalités d'Accès

L'investissement public dans les infrastructures est un outil essentiel pour stimuler l'économie, améliorer la qualité de vie des citoyens et réduire les inégalités d'accès. Dans cette sous-section, nous examinerons en détail le rôle de ces investissements et leurs impacts sur la société.

4.3.4.1 L'Importance de l'Investissement Public dans les Infrastructures :

Nous introduirons d'abord le concept d'investissement public dans les infrastructures, en expliquant comment il englobe la construction et la rénovation de routes, de ponts, de transports publics, de réseaux électriques, de services d'eau potable, et d'autres éléments qui soutiennent le fonctionnement de la société.

4.3.4.2 Stimulation de l'Économie :

Nous discuterons de la manière dont les projets d'infrastructure stimulent l'économie en créant des emplois, en augmentant la demande pour les biens et services, et en renforçant la productivité.

4.3.4.3 Réduction des Inégalités d'Accès :

Nous mettrons en avant comment les investissements publics contribuent à réduire les inégalités d'accès. Par exemple, la construction de transports publics abordables peut faciliter la mobilité pour les personnes à faible revenu, tandis que l'amélioration des infrastructures de santé peut réduire les disparités en matière de soins de santé.

4.3.4.4 Exemples de Réussite :

Nous illustrerons ces concepts par des exemples concrets d'investissements publics réussis. Cela inclura des projets qui ont eu un impact significatif sur la vie des citoyens et ont contribué à l'amélioration des conditions économiques et sociales.

4.3.4.5 Défis et Controverses :

Nous aborderons également les défis et les controverses liés à l'investissement public dans les infrastructures, tels que le financement, la planification, la durabilité environnementale et la rentabilité à long terme.

4.3.4.6 Investissements pour l'Avenir :

Enfin, nous discuterons de l'importance d'investir dans des infrastructures qui préparent l'avenir, en tenant compte des besoins croissants de la société et des défis environnementaux.

4.3.5 Législation du Travail et Droits des Travailleurs

La législation du travail et les droits des travailleurs jouent un rôle crucial dans la protection des travailleurs et la création de conditions de travail équitables. Cette section examinera en profondeur ces aspects.

4.3.5.1 Droits Fondamentaux des Travailleurs

Nous aborderons les droits fondamentaux des travailleurs, tels que le droit à un salaire équitable, le droit à des conditions de travail sécuritaires, le droit à la protection contre la discrimination et le harcèlement, ainsi que le droit à la liberté d'association.

4.3.5.2 Réglementation des Heures de Travail

Nous discuterons de la réglementation des heures de travail, y compris les lois sur la durée maximale du travail, les heures supplémentaires, les congés payés et la conciliation travail-vie personnelle.

4.3.5.3 Négociation Collective

Nous explorerons le rôle de la négociation collective, des conventions collectives et des syndicats dans la protection des droits des travailleurs et la négociation de conditions de travail justes.

4.3.5.4 Santé et Sécurité au Travail

Nous mettrons en avant l'importance des réglementations en matière de santé et de sécurité au travail pour protéger les travailleurs contre les risques professionnels et les accidents.

4.3.5.5 Égalité des Sexes et Équité au Travail

Nous discuterons des réglementations visant à promouvoir l'égalité des sexes au travail, à éliminer les écarts de rémunération entre hommes et femmes et à garantir l'accès équitable aux opportunités professionnelles.

4.3.5.6 Défis et Évolutions

Nous évoquerons les défis actuels liés à la législation du travail, tels que l'économie gig, les nouvelles formes d'emploi et les débats sur la flexibilité du travail.

4.3.5.7 Le Rôle des Gouvernements et des Régulateurs

Nous soulignerons le rôle des gouvernements et des organismes de régulation dans l'élaboration et l'application de réglementations du travail, ainsi que dans la surveillance du respect des droits des travailleurs.

4.3.5.8 Perspectives d'Amélioration

Nous conclurons en discutant des perspectives d'amélioration de la législation du travail et des droits des travailleurs, en mettant en avant des modèles innovants de réglementation et de négociation collective.

Cette section mettra en évidence l'importance de la législation du travail pour garantir des conditions de travail équitables, protéger les droits des travailleurs et promouvoir la justice économique. Elle soulignera également l'adaptabilité nécessaire pour faire face aux évolutions du monde du travail.

4.3.6 Commerce Équitable et Accords Internationaux

Le commerce international est un élément essentiel du capitalisme moderne. Cependant, il comporte des défis importants en matière de justice économique et de droits des travailleurs à l'échelle mondiale. Dans cette sous-section, nous explorerons le rôle des gouvernements dans la promotion du commerce équitable et dans la protection des droits des travailleurs à travers des accords internationaux.

4.3.6.1 Commerce International et Inégalités :

Nous discuterons des impacts du commerce international sur les inégalités économiques entre les nations et à l'intérieur des nations. Les avantages et les inconvénients du commerce mondial seront abordés, mettant en évidence les gagnants et les perdants.

4.3.6.2 Accords Commerciaux Équitables :

Nous mettrons en avant l'importance de négocier des accords commerciaux équitables qui favorisent la justice économique. Cela inclura des discussions sur la réduction des barrières tarifaires, des quotas et des obstacles non tarifaires au commerce.

4.3.6.3 Droits des Travailleurs et Travail Décent :

Nous analyserons les mécanismes mis en place dans les accords commerciaux pour protéger les droits des travailleurs, promouvoir des conditions de travail décentes et garantir la liberté syndicale.

4.3.6.4 Normes Environnementales et Sociales :

Nous discuterons de l'intégration de normes environnementales et sociales dans les accords commerciaux, notamment la protection de l'environnement et la lutte contre le travail des enfants.

4.3.6.5 Défis et Controverses :

Nous examinerons les défis et les controverses liés à la négociation d'accords commerciaux équitables, y compris les désaccords sur les normes, les clauses d'arbitrage et les inquiétudes concernant la souveraineté nationale.

4.3.6.6 L'Organisation mondiale du Commerce (OMC) :

Nous présenterons le rôle de l'OMC en tant qu'instance de négociation et de règlement des différends dans le commerce international.

4.3.6.7 Alliances Régionales et Bilatérales :

Nous explorerons les alliances commerciales régionales et les accords bilatéraux qui jouent un rôle clé dans le commerce international.

4.3.6.8 Le Rôle de la Société Civile :

Nous mettrons en avant l'importance de la participation de la société civile, des ONG et des mouvements sociaux dans la surveillance et la responsabilisation des gouvernements lors des négociations commerciales internationales.

Cette sous-section mettra en évidence l'importance d'une régulation internationale équitable du commerce pour garantir que les avantages du capitalisme soient partagés de manière plus juste à l'échelle mondiale. Elle abordera également les débats et les défis actuels liés à la négociation d'accords commerciaux qui respectent les normes sociales, environnementales et de travail.

4.3.7 Débats sur l'Intervention Gouvernementale

Les débats sur le degré d'intervention gouvernementale dans l'économie de marché sont au cœur des discussions politiques et économiques contemporaines. Ils reflètent les divergences d'opinions sur la manière dont les gouvernements devraient réguler et influencer l'économie. Cette sous-section présentera les principaux arguments dans ces débats.

4.3.7.1 Arguments en Faveur d'une Régulation Plus Stricte :

- Protection des Consommateurs : Les partisans de régulations plus strictes mettent en avant la nécessité de protéger les consommateurs contre les pratiques commerciales trompeuses, les produits dangereux et les monopoles.

- Prévention des Crises Économiques : Ils soutiennent que des régulations robustes sont essentielles pour prévenir les crises financières et économiques, en contrôlant les risques et en évitant des comportements spéculatifs.

- Réduction des Inégalités : Certains estiment que des régulations plus strictes sont nécessaires pour réduire les inégalités économiques en limitant les pratiques fiscales avantageuses pour les riches et en imposant des limites aux rémunérations excessives.

- Protection de l'Environnement : Ils insistent sur l'importance de régulations environnementales pour atténuer les impacts négatifs de l'activité économique sur la planète.

- Maintien de la Concurrence : La régulation est vue comme un moyen de maintenir une concurrence équitable en empêchant la formation de monopoles ou d'oligopoles.

4.3.7.2 Arguments en Faveur de la Réduction de l'Intervention :

- Liberté Économique : Les partisans d'une intervention réduite mettent en avant le rôle du marché dans la prise de décisions économiques et considèrent que des régulations excessives entravent la liberté économique.

- Innovation : Ils soutiennent que des régulations moins contraignantes favorisent l'innovation en permettant aux entreprises de réagir rapidement aux opportunités du marché.

- Efficacité Économique : Certains estiment que des régulations moins strictes conduisent à une meilleure efficacité économique en évitant des coûts administratifs inutiles.

- Responsabilité Individuelle : Ils soulignent l'importance de la responsabilité individuelle, arguant que des régulations excessives peuvent encourager la dépendance à l'égard de l'État.

- Simplification des Procédures : La réduction de l'intervention gouvernementale est vue comme une manière de simplifier les procédures administratives et de faciliter la gestion des entreprises.

Cette discussion des débats sur l'intervention gouvernementale offre une vue d'ensemble des positions et des arguments en présence. Elle mettra en lumière la complexité de l'équilibre entre la régulation nécessaire pour protéger l'intérêt public et la nécessité de préserver la liberté et l'efficacité économique.

4.3.8 Gouvernance Globale

La régulation du capitalisme ne se limite pas aux frontières nationales. Les institutions internationales jouent un rôle crucial dans la coordination et la régulation de l'économie mondiale. Dans cette sous-section, nous explorerons le rôle de ces institutions et leur impact sur le capitalisme à l'échelle mondiale.

4.3.8.1 Les Nations Unies :

Nous aborderons le rôle des Nations Unies en tant qu'organisation internationale chargée de promouvoir la coopération mondiale et de résoudre les problèmes mondiaux, y compris les défis économiques. Nous discuterons des organes tels que la Conférence des Nations Unies sur le commerce et le développement (CNUCED) et leurs efforts pour promouvoir le développement économique équitable.

4.3.8.2 L'Organisation mondiale du commerce (OMC) :

Nous analyserons le rôle de l'OMC dans la régulation du commerce international. Cela inclura la négociation d'accords commerciaux, la résolution des différends commerciaux et la promotion d'un commerce équitable.

4.3.8.3 Les Institutions Financières Internationales :

Nous examinerons le rôle du Fonds monétaire international (FMI) et de la Banque mondiale dans la régulation des marchés financiers internationaux et le financement du développement.

4.3.8.4 Accords Internationaux :

Nous discuterons des accords internationaux, tels que l'Accord de Paris sur le climat, et leur impact sur les pratiques commerciales et économiques mondiales.

4.3.8.5 Les Défis de la Gouvernance Globale :

Nous évoquerons les défis auxquels sont confrontées les institutions de gouvernance globale, y compris les désaccords entre les nations, la réforme institutionnelle et la nécessité de prendre en compte les préoccupations sociales et environnementales.

4.3.8.6 La Rôle des États dans les Accords Internationaux :

Nous mettrons en avant le rôle des États nationaux dans la négociation et la mise en œuvre d'accords internationaux, ainsi que les débats sur la souveraineté nationale et la coopération mondiale.

Cette discussion sur la gouvernance globale montrera comment les institutions internationales contribuent à la régulation du capitalisme à l'échelle mondiale, tout en soulignant les défis liés à la coordination entre les nations pour atteindre des objectifs économiques, sociaux et environnementaux communs.

4.4 - Responsabilité sociale des entreprises

L'émergence de la responsabilité sociale des entreprises (RSE) est devenue un élément clé du débat sur le rôle du capitalisme dans la société contemporaine. Dans cette section, nous examinerons en profondeur la RSE et son impact sur les entreprises, la société et l'environnement.

4.4.1 Définition et Évolution de la RSE

La Responsabilité Sociale des Entreprises (RSE) est un concept qui a considérablement évolué au fil du temps, passant d'une simple philanthropie d'entreprise à une composante essentielle de la gestion commerciale. Dans cette section, nous définirons la RSE et tracerons son évolution historique.

4.4.1.1 Définition de la RSE :

La RSE se réfère à l'engagement volontaire des entreprises à respecter des normes éthiques, à contribuer au développement durable et à agir de manière socialement responsable. Cela implique de prendre en compte les impacts économiques, sociaux et environnementaux de leurs activités, ainsi que d'interagir de manière transparente avec leurs parties prenantes.

4.4.1.2 Évolution de la RSE :

L'origine de la RSE remonte au début du 20e siècle, lorsque certaines entreprises ont commencé à faire des dons caritatifs. Cependant, ce n'était que de la philanthropie d'entreprise. Au fil du temps, la perception de la RSE a évolué :

1. Ère de la Philanthropie (début du 20e siècle) : Les entreprises ont commencé à faire des dons pour des œuvres de bienfaisance, principalement pour des raisons de relations publiques.

2. Ère de la Responsabilité Économique (années 1950-1960) : Les entreprises ont commencé à reconnaître leur responsabilité économique envers les actionnaires et les investisseurs. L'accent était mis sur la maximisation des bénéfices.

3. Ère de la Responsabilité Sociale (années 1970) : Les entreprises ont élargi leur vision pour inclure la responsabilité sociale envers les employés, les clients et les communautés. Les mouvements des droits civiques et environnementaux ont influencé cette évolution.

4. Ère de la Responsabilité Sociétale et Environnementale (années 2000 à aujourd'hui) : La RSE s'est étendue pour englober la durabilité environnementale, la gouvernance d'entreprise et la transparence. Les entreprises cherchent à intégrer la RSE dans leur culture et leurs stratégies.

4.4.1.3 Domaines de la RSE : La RSE comprend plusieurs domaines clés :

- Responsabilité Économique : Les entreprises doivent être financièrement responsables envers leurs actionnaires, générer des bénéfices et assurer leur pérennité.

- Responsabilité Sociale : Les entreprises doivent prendre en compte l'impact social de leurs activités, notamment en ce qui concerne les employés, les clients, les fournisseurs et les communautés.

- Responsabilité Environnementale : Les entreprises sont appelées à minimiser leur impact sur l'environnement en adoptant des pratiques durables et en réduisant leur empreinte carbone.

- Responsabilité Éthique : Les entreprises doivent agir de manière éthique dans toutes leurs interactions, évitant la corruption, le blanchiment d'argent et d'autres pratiques malhonnêtes.

Cette évolution et cette compréhension élargie de la RSE montrent comment elle est devenue un facteur essentiel dans la stratégie et la réputation des entreprises modernes, tout en répondant à un besoin croissant de responsabilité sociale et environnementale dans le contexte du capitalisme contemporain.

4.4.2 Les Motivations pour la RSE

La responsabilité sociale des entreprises (RSE) a gagné en importance en raison d'un ensemble varié de motivations qui incitent les entreprises à adopter des pratiques plus responsables. Dans cette section, nous explorerons ces motivations en détail.

4.4.2.1 Pression des Parties Prenantes :

L'une des principales motivations pour la RSE est la pression des parties prenantes. Cela comprend les actionnaires, les investisseurs, les employés, les syndicats, les ONG, les communautés locales et d'autres acteurs qui s'engagent activement dans les activités et les décisions des entreprises. Les parties prenantes peuvent exercer une influence significative en plaidant en faveur de pratiques plus responsables.

4.4.2.2 Demande des Consommateurs :

Les consommateurs jouent un rôle essentiel en stimulant la RSE. Les consommateurs sont de plus en plus conscients de l'impact social et environnemental de leurs achats. Les entreprises qui adoptent des pratiques de RSE attirent souvent une clientèle fidèle et attentive à l'éthique.

4.4.2.3 Avantages Concurrentiels :

Les entreprises voient la RSE comme un moyen de se distinguer de la concurrence. Elles peuvent utiliser leur engagement en matière de RSE pour attirer des talents, renforcer leur image de marque et gagner des parts de marché.

4.4.2.4 Considérations Éthiques :

Pour de nombreuses entreprises, l'engagement envers la RSE est motivé par des considérations éthiques. Les dirigeants d'entreprise reconnaissent l'importance de contribuer positivement à la société et à l'environnement. Cela peut être motivé par des valeurs personnelles ou une vision à long terme de la durabilité.

4.4.2.5 Réduction des Risques :

La RSE peut également aider à réduire les risques opérationnels, juridiques et financiers. Les entreprises qui adoptent des pratiques plus responsables sont mieux préparées à faire face à des crises, telles que les scandales liés à l'environnement ou les violations des droits de l'homme.

4.4.2.6 Accès au Capital :

De plus en plus, les investisseurs intègrent des critères de RSE dans leurs décisions d'investissement. Les entreprises qui démontrent leur engagement envers la RSE peuvent avoir un accès plus facile au financement et à l'investissement.

4.4.2.7 Réponse à la Législation et à la Réglementation :

Dans certaines régions, la RSE est devenue une exigence légale. Les entreprises sont tenues de respecter certaines normes en matière d'environnement, de travail, de santé et de sécurité. La conformité à ces réglementations peut être une motivation importante.

4.4.2.8 Image et Réputation :

L'image de l'entreprise est essentielle pour sa réussite. Les entreprises qui adoptent des pratiques de RSE positives renforcent leur réputation et gagnent la confiance des parties prenantes.

4.4.2.9 Innovation et Croissance :

La RSE peut stimuler l'innovation en incitant les entreprises à développer des produits et des services plus durables. Cela peut conduire à de nouvelles opportunités de croissance.

En comprenant les diverses motivations pour la RSE, les entreprises peuvent élaborer des stratégies de RSE plus efficaces, adaptées à leurs objectifs et à leur contexte. Cette section mettra en lumière l'importance de ces motivations pour le succès de la RSE et pour la promotion de pratiques plus responsables au sein des entreprises.

4.4.3 Impacts de la RSE

La responsabilité sociale des entreprises (RSE) a des impacts significatifs sur les entreprises et la société dans son ensemble. Cette section explorera en détail ces impacts pour mieux comprendre comment la RSE influence la dynamique du capitalisme.

4.4.3.1 Impacts sur les Entreprises :

- Réputation et Marque : Les entreprises engagées dans la RSE bénéficient généralement d'une meilleure réputation et d'une image de marque positive. Les consommateurs sont souvent plus enclins à acheter des produits ou services de sociétés qui démontrent leur engagement envers la RSE.

- **Rentabilité à Long Terme** : Les pratiques de RSE peuvent contribuer à la rentabilité à long terme des entreprises en réduisant les coûts, en améliorant l'efficacité des opérations et en attirant des investisseurs sensibles aux enjeux durables.

- **Relations avec les Employés** : Les entreprises qui investissent dans le bien-être de leurs employés et dans des pratiques de travail éthiques tendent à bénéficier d'une main-d'œuvre plus motivée, productive et fidèle.

- **Gestion des Risques** : La RSE peut aider les entreprises à anticiper et à atténuer les risques liés à la réglementation, à l'éthique des affaires et à la durabilité. Cela contribue à éviter des crises potentiellement coûteuses.

4.4.3.2 Impacts Sociaux :

- **Emplois Durables** : Les initiatives de RSE, telles que la création d'emplois locaux ou l'adoption de pratiques commerciales durables, peuvent contribuer à la création d'emplois durables et à la stabilité économique au sein des communautés.

- **Soutien aux Communautés** : Les entreprises engagées dans la RSE s'impliquent souvent dans des programmes de soutien aux communautés, tels que des projets éducatifs, de santé ou de développement local, renforçant ainsi leurs liens avec les communautés dans lesquelles elles opèrent.

- **Impact Environnemental Positif** : Les initiatives de RSE liées à la durabilité environnementale contribuent à la protection de l'environnement et à la réduction des émissions de gaz à effet de serre, ce qui profite à l'ensemble de la société.

- **Responsabilité Sociale des Fournisseurs** : Les entreprises engagées dans la RSE exigent souvent que leurs fournisseurs respectent des normes éthiques, ce qui peut avoir un impact positif sur les pratiques commerciales à l'échelle mondiale.

En résumé, la RSE a des impacts multidimensionnels qui s'étendent des avantages commerciaux, tels qu'une meilleure réputation et une rentabilité accrue, aux avantages sociaux, comme la création d'emplois et le soutien aux communautés. Ces impacts contribuent à relier le succès économique des entreprises à des pratiques durables et socialement responsables.

4.4.4 Les Normes et Cadres de RSE

La responsabilité sociale des entreprises (RSE) est souvent guidée par un ensemble de normes et de cadres internationaux qui définissent les attentes en matière de pratiques commerciales responsables. Dans cette sous-section, nous explorerons certains de ces cadres clés et leur influence sur la RSE.

4.4.4.1 Principes directeurs de l'OCDE à l'intention des entreprises multinationales :

Nous discuterons des Principes directeurs de l'Organisation de coopération et de développement économiques (OCDE), qui énoncent des recommandations pour les entreprises multinationales en matière de conduite responsable. Ces principes couvrent un large éventail de domaines, de la conduite éthique des affaires aux droits de l'homme et à l'environnement.

4.4.4.2 Objectifs de développement durable des Nations Unies :

Nous examinerons les Objectifs de développement durable (ODD) des Nations Unies, qui sont un ensemble d'objectifs mondiaux visant à éliminer la pauvreté, à protéger la planète et à garantir la prospérité pour tous. Nous discuterons du rôle de la RSE dans la réalisation de ces objectifs, en mettant l'accent sur la manière dont les entreprises peuvent contribuer à des ODD spécifiques.

4.4.4.3 Pacte mondial des Nations Unies :

Nous présenterons le Pacte mondial des Nations Unies, une initiative volontaire qui encourage les entreprises à adopter des principes dans les domaines des droits de l'homme, du travail, de l'environnement et de la lutte contre la corruption. Nous discuterons de la manière dont le Pacte mondial promeut l'engagement des entreprises en faveur de la RSE.

4.4.4.4 Normes de Reporting :

Nous aborderons les normes de reporting en RSE, telles que les lignes directrices de la Global Reporting Initiative (GRI) et le cadre de divulgation du Sustainability Accounting Standards Board (SASB). Ces normes fournissent des directives aux entreprises sur la manière de rendre compte de leurs performances en matière de RSE de manière transparente.

4.4.4.5 Normes Sectorielles :

Nous discuterons des normes sectorielles spécifiques à certaines industries, telles que les principes directeurs de l'Initiative pour la transparence dans les industries extractives (EITI) pour le secteur pétrolier et gazier.

4.4.4.6 Défis et Conformité :

Nous évoquerons les défis et les enjeux liés à la conformité aux normes de RSE, ainsi que les avantages de la divulgation transparente des pratiques RSE.

Cette discussion mettra en évidence l'importance des normes et des cadres de RSE pour guider les entreprises dans leur démarche de responsabilité sociale, en fournissant un cadre commun pour la conduite des affaires responsables à l'échelle internationale.

4.4.5 Défis et Limites de la RSE

Bien que la Responsabilité Sociale des Entreprises (RSE) ait connu une croissance significative, elle n'est pas exempte de défis et de limites qui nécessitent une réflexion approfondie.

4.4.5.1 Mesure de l'Impact

L'une des principales difficultés de la RSE réside dans la mesure de son impact réel. Il peut être difficile de quantifier les effets des initiatives de RSE sur la société et l'environnement. Les entreprises cherchent souvent à évaluer leur succès en utilisant des indicateurs tels que les rapports de durabilité, mais la standardisation et la comparabilité de ces mesures restent des défis. La question fondamentale demeure de savoir si la RSE est en train de produire des changements significatifs ou si elle est principalement une opération de communication pour améliorer la réputation des entreprises.

4.4.5.2 Sincérité des Engagements

La sincérité des engagements de RSE est une question clé. Certaines entreprises peuvent se livrer au "greenwashing", c'est-à-dire à des efforts de marketing visant à donner l'apparence de pratiques de RSE solides sans réel engagement. La RSE doit être plus qu'un simple discours ou une image de marque favorable. Les parties prenantes exigent des preuves tangibles d'un engagement réel envers des pratiques durables.

4.4.5.3 Besoin de Régulation Gouvernementale

La RSE peut être perçue comme une réponse au manque de régulation gouvernementale. L'une des limites de la RSE est que son adoption est volontaire, ce qui signifie que les entreprises peuvent choisir de l'ignorer ou de ne pas respecter les normes. Par conséquent, certains soutiennent que la RSE ne peut pas remplacer complètement la régulation gouvernementale. De plus, sans réglementation appropriée, les entreprises pourraient ne pas être incitées à respecter leurs engagements de RSE de manière constante.

4.4.5.4 Complexité de la Chaîne d'Approvisionnement

La complexité des chaînes d'approvisionnement mondiales représente un défi pour la RSE. Les entreprises peuvent avoir du mal à garantir que leurs pratiques de RSE sont respectées tout au long de la chaîne d'approvisionnement, en particulier dans le cas de produits fabriqués dans plusieurs pays. Les violations des droits de l'homme et les pratiques environnementales néfastes dans les chaînes d'approvisionnement restent un problème majeur.

4.4.5.5 Incohérence des Normes de RSE

Il existe une multitude de normes de RSE, ce qui peut rendre difficile pour les entreprises de choisir les meilleures approches à adopter. Cette fragmentation des normes peut entraîner de la confusion et des coûts supplémentaires pour les entreprises.

4.4.5.6 Conflits d'Intérêts

Les entreprises peuvent se retrouver dans des situations où leurs intérêts économiques entrent en conflit avec leurs objectifs de RSE. Par exemple, la maximisation des profits peut entrer en contradiction avec la réduction de l'impact environnemental. Les entreprises sont confrontées au défi de gérer ces conflits d'intérêts de manière éthique.

Cette discussion mettra en lumière les réalités et les défis du paysage de la RSE, tout en soulignant la nécessité de réfléchir aux moyens d'améliorer la crédibilité, la transparence et l'efficacité de ces pratiques.

4.4.6 Exemples de Bonnes Pratiques

Pour comprendre la portée et l'impact de la responsabilité sociale des entreprises (RSE), nous allons explorer des exemples concrets d'entreprises qui ont réussi à mettre en place des initiatives remarquables dans ce domaine, couvrant divers aspects de la RSE.

4.4.6.1 Durabilité Environnementale :

- Patagonia : L'entreprise de vêtements de plein air Patagonia est un chef de file en matière de durabilité. Elle a mis en place des programmes de recyclage de vêtements, investi dans des énergies renouvelables et consacré une partie de ses bénéfices à la protection de l'environnement.

- Tesla : Tesla, le fabricant de voitures électriques, est devenu un symbole de la transition vers une mobilité durable. Leurs véhicules électriques et leurs efforts pour développer des solutions d'énergie renouvelable ont un impact significatif sur la réduction des émissions de carbone.

4.4.6.2 Inclusion Sociale :

- Microsoft : Microsoft s'est engagé à améliorer l'inclusion et la diversité dans l'industrie technologique. L'entreprise a mis en place des programmes de formation pour les personnes sous-représentées et a promu des politiques d'embauche et de promotion plus équitables.

- Unilever : Unilever a pris des mesures pour promouvoir l'inclusion sociale en incluant des critères de durabilité dans son approvisionnement et en travaillant à éliminer le travail des enfants et les pratiques commerciales non éthiques dans sa chaîne d'approvisionnement.

4.4.6.3 Éthique des Affaires :

- The Body Shop : The Body Shop est reconnue pour son engagement envers des pratiques commerciales éthiques. Ils n'effectuent pas de tests sur les animaux, s'approvisionnent en matières premières de manière durable et soutiennent des causes sociales.

- Ben & Jerry's : Cette célèbre entreprise de crème glacée est connue pour son engagement envers des pratiques commerciales éthiques et sa promotion de causes sociales. Ils ont utilisé leur entreprise pour sensibiliser aux problèmes environnementaux et sociaux.

Ces exemples mettent en lumière comment les entreprises peuvent aller au-delà du simple profit financier pour prendre en compte des considérations sociales et environnementales. Ils démontrent que la RSE peut être une réalité pratique et que les entreprises qui intègrent ces valeurs dans leur modèle commercial peuvent prospérer tout en contribuant positivement à la société.

4.4.7 RSE dans un Contexte Mondial

La responsabilité sociale des entreprises (RSE) ne se limite pas aux frontières nationales. De nombreuses entreprises adoptent des approches mondiales de la RSE pour répondre aux enjeux mondiaux et aux préoccupations des parties prenantes à travers le monde. Dans cette sous-section, nous explorerons la mise en œuvre de la RSE à l'échelle internationale, mettant en lumière les entreprises qui adoptent des approches globales.

4.4.7.1 Entreprises Multinationales :

Nous discuterons du rôle des entreprises multinationales dans la promotion de la RSE à l'échelle internationale. Ces entreprises opèrent dans de multiples pays et sont souvent confrontées à des questions de diversité culturelle, de régulation et d'impact mondial. Nous examinerons comment elles adaptent leurs pratiques de RSE pour s'aligner sur les normes internationales et répondre aux attentes des parties prenantes à l'échelle mondiale.

4.4.7.2 Normes Internationales :

Nous aborderons les normes et les cadres de RSE qui ont une portée mondiale, tels que les Principes directeurs de l'OCDE à l'intention des entreprises multinationales et les Objectifs de développement durable des Nations Unies. Ces normes servent de références pour les entreprises opérant à l'échelle internationale et les aident à intégrer des considérations de RSE dans leurs activités mondiales.

4.4.7.3 Partenariats Mondiaux :

Nous mettrons en avant les partenariats et les initiatives mondiales qui rassemblent des entreprises, des organisations non gouvernementales et des gouvernements pour relever des défis mondiaux tels que les changements climatiques, la pauvreté et l'injustice sociale. Ces partenariats sont devenus un moyen efficace de promouvoir la RSE à l'échelle internationale.

4.4.7.4 Défis de la Mise en Œuvre Internationale :

Nous discuterons des défis liés à la mise en œuvre de la RSE à l'échelle internationale, y compris les différences culturelles, les variations réglementaires et les obstacles à la coordination mondiale. Les entreprises qui cherchent à adopter des approches mondiales de la RSE doivent naviguer dans un paysage complexe.

4.4.7.5 Exemples d'Entreprises Mondiales Engagées :

Nous illustrerons cette discussion en mettant en avant des exemples d'entreprises qui ont réussi à intégrer la RSE dans leurs opérations mondiales. Ces entreprises servent de modèles pour d'autres entreprises qui cherchent à avoir un impact positif à l'échelle mondiale.

Cette exploration de la RSE dans un contexte mondial mettra en évidence l'importance croissante de la dimension internationale de la RSE et son rôle dans la promotion de pratiques commerciales responsables à l'échelle planétaire.

4.4.8 Débats et Avenir de la RSE

La responsabilité sociale des entreprises (RSE) est le sujet de débats et de réflexions constants à mesure qu'elle évolue dans le paysage économique mondial. Cette sous-section se penche sur les débats actuels entourant la RSE, les questions liées à sa régulation, à la reddition de comptes et à son avenir dans un contexte de mondialisation.

4.4.8.1 Débats sur la RSE :

- La Mesure de l'Impact : Nous discuterons des défis liés à la mesure de l'impact de la RSE. Comment évaluer de manière fiable et transparente les avantages économiques, sociaux et environnementaux générés par les initiatives de RSE ?

- L'Authenticité et la Sincérité : Les entreprises sont confrontées à des questions sur l'authenticité de leur engagement envers la RSE. Comment éviter le « greenwashing » et s'engager sincèrement dans des pratiques de RSE ?

- RSE et Rentabilité : Les débats sur la relation entre la RSE et la rentabilité perdurent. Certaines parties prenantes soulignent que la RSE peut être un atout concurrentiel, tandis que d'autres s'inquiètent des coûts supplémentaires associés à la mise en œuvre de pratiques de RSE.

4.4.8.2 Régulation de la RSE :

- Normes et Cadres : Nous examinerons le rôle des normes et des cadres de RSE dans la régulation des pratiques des entreprises. Comment les normes volontaires et les initiatives internationales influencent-elles la RSE ?

- Législation Gouvernementale : Nous discuterons du rôle potentiel des gouvernements dans la régulation de la RSE, y compris les incitations fiscales, les réglementations sur les rapports et la transparence.

- La Reddition de Comptes : La reddition de comptes est un élément clé de la régulation de la RSE. Comment les entreprises rendent-elles compte de leurs actions en matière de RSE, et quelles sont les attentes des parties prenantes en matière de transparence ?

4.4.8.3 Avenir de la RSE à l'Ère de la Mondialisation :

- La RSE dans une Économie Mondialisée : Nous explorerons les défis et les opportunités de la RSE à l'ère de la mondialisation, en mettant en évidence les entreprises qui adoptent des approches globales de la RSE et les implications pour les chaînes d'approvisionnement mondiales.

- La RSE et les Objectifs de Développement Durable : Comment la RSE est-elle alignée sur les Objectifs de développement durable des Nations Unies et comment les entreprises contribuent-elles à atteindre ces objectifs ?

- L'Évolution des Attentes des Parties Prenantes : Nous discuterons de la manière dont les attentes des parties prenantes en matière de RSE évoluent, y compris les consommateurs, les investisseurs et les travailleurs.

Cette section mettra en lumière les questions et les enjeux actuels liés à la RSE, tout en soulignant l'importance croissante de cette dimension dans la pratique commerciale contemporaine. Elle démontrera également comment la RSE évolue pour répondre aux besoins changeants de la société et de l'économie mondiale.

5. Les Perspectives d'un Monde Meilleur

Dans l'aube de chaque nouveau jour, l'humanité se tourne vers l'horizon, portant l'espoir d'un monde meilleur dans le cœur. Chacun de nous rêve d'un avenir empreint de progrès, d'équité, de paix et de prospérité. Ces aspirations universelles sont le fil conducteur de notre voyage à travers les âges, à travers les pages de "Les Perspectives d'un Monde Meilleur."

Ce livre est un voyage à travers les idées, les découvertes, les innovations et les actions qui ont forgé notre histoire commune. Il explore les moments de triomphe, où l'humanité a transcendé les limites de l'imagination pour créer un monde plus riche et plus généreux. Il contemple aussi les défis, les revers, et les conflits qui ont jalonné notre chemin vers un avenir meilleur.

À travers les récits inspirants et les perspectives éclairées présentés dans ce livre, nous chercherons à comprendre ce qui nous unit en tant qu'êtres humains, en dépit de nos différences. Nous examinerons comment la coopération, la compassion et l'innovation ont le pouvoir de surmonter les divisions et d'ouvrir la voie à un monde plus harmonieux.

"Les Perspectives d'un Monde Meilleur" ne prétend pas détenir toutes les réponses, mais il offre un espace pour la réflexion, le dialogue et l'action. Il invite à la découverte des histoires de personnes qui, à travers le temps et le monde, ont contribué à rendre notre planète plus belle et plus habitable.

Que ce livre soit une source d'inspiration pour tous ceux qui aspirent à un monde meilleur, un monde où l'amour, la justice et la compréhension guident nos pas. À mesure que nous tournons ces pages, rappelez-vous que nous sommes les auteurs de notre avenir commun, et que, ensemble, nous pouvons façonner les perspectives d'un monde meilleur.

5.1 - Réflexions sur l'exploration spatiale et les ressources financières

L'exploration spatiale est un domaine qui a suscité un intérêt croissant et des investissements substantiels ces dernières décennies. Dans cette section, nous examinerons les aspects positifs de l'exploration spatiale et la manière dont elle peut contribuer à l'amélioration de l'humanité.

5.1.1 Exploration Spatiale comme Moteur de l'Innovation :

L'exploration spatiale a été un catalyseur majeur de l'innovation technologique dans une multitude de domaines. Voici quelques exemples concrets de la manière dont cette exploration a favorisé l'innovation et a eu un impact positif sur l'humanité :

5.1.1.1 Avancées dans les Communications :

L'un des domaines les plus évidents est celui des communications. Les satellites de télécommunications ont révolutionné la façon dont nous communiquons à travers le monde. Ils ont permis le développement de réseaux de communication mondiaux, de la téléphonie par satellite à Internet haut débit. Ces technologies spatiales ont rapproché les personnes, favorisé les échanges mondiaux et contribué à réduire la fracture numérique.

5.1.1.2 Technologie Médicale :

Les technologies spatiales ont également trouvé des applications dans le domaine médical. Les systèmes de télémédecine, initialement développés pour les besoins des astronautes, permettent désormais de surveiller et de soigner les patients à distance. De plus, l'imagerie médicale avancée, telle que l'imagerie par résonance magnétique (IRM) et la tomodensitométrie (TDM), a bénéficié des avancées technologiques issues de l'exploration spatiale.

5.1.1.3 Gestion de l'Environnement :

Les satellites jouent un rôle crucial dans la surveillance de l'environnement et de la planète. Ils permettent la collecte de données sur le changement climatique, la déforestation, la qualité de l'air et de l'eau, ainsi que la prévision des catastrophes naturelles. Ces informations sont essentielles pour la prise de décision en matière de protection de l'environnement et d'atténuation des effets du changement climatique.

5.1.1.4 Navigation et Géolocalisation :

Le système de navigation par satellite GPS (Global Positioning System) est largement utilisé pour des applications de navigation terrestre, aérienne et maritime. Il est essentiel pour la géolocalisation, la cartographie, le transport, la logistique et même les loisirs. Les applications vont des itinéraires de navigation aux applications de suivi de flottes, en passant par la géolocalisation de services de livraison.

5.1.1.5 Matériaux Avancés :

L'exploration spatiale a poussé le développement de matériaux résistants aux radiations, aux températures extrêmes et à d'autres conditions hostiles de l'espace. Ces matériaux trouvent des applications dans l'industrie aérospatiale, mais aussi dans la fabrication de produits plus résistants et durables.

5.1.1.6 Énergie Solaire :

Les recherches pour l'alimentation des missions spatiales ont contribué au développement de technologies liées à l'énergie solaire. Les cellules solaires plus efficaces et les solutions de stockage d'énergie ont des implications directes sur la transition vers les énergies renouvelables sur Terre.

5.1.1.7 Avancées en Robotique :

Les robots spatiaux, tels que le robot Curiosity de la NASA sur Mars, ont stimulé le développement de la robotique autonome et de la vision par ordinateur. Ces avancées sont aujourd'hui utilisées dans la médecine, la fabrication, la recherche sous-marine et bien d'autres domaines.

L'exploration spatiale a ainsi agi comme un moteur puissant d'innovation technologique, créant des avantages tangibles pour la société terrestre. Ces avancées contribuent à améliorer notre qualité de vie, à renforcer notre compréhension du monde qui nous entoure et à résoudre des problèmes complexes auxquels nous sommes confrontés.

5.1.2 L'Exploration Spatiale et la Recherche Scientifique :

L'exploration spatiale a joué un rôle crucial dans l'expansion de notre compréhension de l'univers, apportant des contributions significatives à la recherche scientifique. Voici comment elle a influencé notre connaissance de l'univers et ses implications pour la science et la philosophie :

5.1.2.1 L'étude des Planètes et des Lunes :

Les missions spatiales vers d'autres planètes, comme Mars, Vénus, et Jupiter, ont fourni des données cruciales sur la composition, la topographie et l'histoire géologique de ces mondes. Ces informations ont permis aux scientifiques de mieux comprendre la formation et l'évolution des planètes, ainsi que de développer des théories sur la possibilité de la vie en dehors de la Terre.

5.1.2.2 Exploration des Astéroïdes et des Comètes :

Les missions d'exploration spatiale ont permis d'étudier de près des astéroïdes et des comètes. Ces objets célestes sont des vestiges de la formation du système solaire, et leur analyse a fourni des indices précieux sur les processus qui ont conduit à la création du système solaire.

5.1.2.3 Compréhension de l'Univers Profond :

Les télescopes spatiaux, tels que le télescope spatial Hubble, ont révolutionné notre compréhension de l'univers profond en fournissant des images et des données sur des galaxies lointaines, des quasars, et d'autres phénomènes cosmiques. Ces observations ont remis en question et élargi nos connaissances sur la cosmologie, y compris la nature de l'expansion de l'univers.

5.1.2.4 Questions Philosophiques et Métaphysiques :

Les découvertes dans le domaine de l'exploration spatiale ont soulevé des questions philosophiques et métaphysiques profondes. Elles ont remis en question notre place dans l'univers, notre compréhension de la vie et de l'intelligence extraterrestre, ainsi que notre vision de la création et de l'évolution du cosmos.

5.1.2.5 La Recherche de Signes de Vie :

L'une des quêtes les plus fascinantes de l'exploration spatiale est la recherche de signes de vie en dehors de la Terre. Les missions à destination de Mars et les études des lunes de Jupiter et de Saturne, telles qu'Encelade et Europe, ont révélé des environnements potentiels pour la vie, soulevant des questions sur l'origine de la vie et sa distribution dans l'univers.

5.1.2.6. Les Enseignements sur la Durabilité de la Terre :

L'exploration spatiale a également contribué à notre compréhension de la Terre en tant que planète. Les études de l'atmosphère terrestre, des océans, et de la géologie depuis l'espace ont fourni des informations essentielles pour la compréhension des changements climatiques, de l'environnement, et de la durabilité de notre planète.

En somme, l'exploration spatiale a élargi les horizons de la connaissance humaine et a offert des perspectives uniques sur notre place dans l'univers. Les découvertes issues de ces missions ont des implications profondes pour la science, la philosophie, et notre vision du cosmos. Elles ont également stimulé la réflexion sur notre responsabilité en tant qu'espèce terrestre au sein d'un univers en constante évolution.

5.1.3 Ressources Spatiales et Croissance Économique :

L'exploitation des ressources spatiales offre des perspectives fascinantes pour soutenir la croissance économique sur Terre et résoudre les défis liés à la rareté des ressources. Voici quelques éléments clés à considérer :

5.1.3.1 Ressources d'astéroïdes et minéraux :

Les astéroïdes sont des corps célestes riches en minéraux et métaux précieux tels que le platine, l'or, et le fer. L'exploitation de ces ressources pourrait réduire la dépendance de la Terre vis-à-vis des mines terrestres et potentiellement stabiliser les prix des métaux. Cette activité économique pourrait créer de nouvelles opportunités pour l'industrie minière.

5.1.3.2 Eau lunaire et carburant spatial :

La présence d'eau sur la Lune est cruciale, car l'eau peut être transformée en hydrogène et oxygène, utilisés comme carburant pour les fusées. La production de carburant spatial sur la Lune réduirait considérablement le coût des voyages spatiaux, encourageant ainsi l'exploration et l'exploitation de l'espace lointain.

5.1.3.3 Solutions aux problèmes terrestres :

L'exploitation des ressources spatiales pourrait offrir des solutions à des problèmes terrestres tels que la rareté de l'eau potable, la déforestation due à l'extraction de ressources naturelles, et la limitation de l'accès à des matériaux essentiels. Cela pourrait contribuer à réduire la pression exercée sur notre planète.

5.1.3.4 Création d'industries nouvelles :

L'exploitation des ressources spatiales pourrait créer de nouvelles industries, de l'exploration et de l'extraction à la technologie de traitement des matériaux extraterrestres. Cela pourrait générer des emplois et stimuler l'innovation.

Cependant, il est important de noter que l'exploitation des ressources spatiales soulève des défis et des questions éthiques. Il est essentiel d'établir des réglementations pour garantir l'utilisation durable des ressources spatiales, minimiser les impacts environnementaux et éviter les exploitations excessives. De plus, il faudra équilibrer les avantages économiques de l'exploitation spatiale avec les besoins et les priorités de notre planète, en veillant à ce que ces ressources bénéficient à l'ensemble de l'humanité.

5.1.4 Colonisation de l'Espace : Une Assurance pour la Survie de l'Humanité

L'idée de la colonisation de l'espace a captivé l'imaginaire depuis des décennies, mais elle soulève également des questions fondamentales sur l'avenir de l'humanité. Dans cette section, nous explorerons les perspectives à long terme de la colonisation de l'espace et comment elle pourrait offrir une assurance pour la survie de l'humanité face à des menaces existentielles.

5.1.4.1 Préparation aux Menaces Terrestres :

La colonisation de l'espace pourrait fournir une échappatoire potentielle aux menaces qui pèsent sur la Terre. Parmi ces menaces, on peut citer les catastrophes naturelles majeures, les pandémies, les conflits nucléaires et d'autres événements qui pourraient mettre en danger la vie sur notre planète.

5.1.4.2 Établissement de Colonies Indépendantes :

Pour garantir la survie de l'humanité, il serait nécessaire d'établir des colonies indépendantes sur d'autres planètes ou lunes. Ces colonies devraient être autosuffisantes en termes de ressources, d'énergie et de capacités de survie. Nous discuterons des défis technologiques et logistiques liés à cette entreprise.

5.1.4.3 Préservation de la Culture Humaine :

Outre la survie physique, la colonisation de l'espace pourrait également permettre la préservation de la culture humaine. Les colonies spatiales pourraient servir de gardiens de la connaissance, de l'art et de la diversité culturelle de l'humanité.

5.1.4.4 Exploration Interstellaire :

L'exploration interstellaire, bien que très spéculative, fait également partie de cette réflexion. Comment pourrions-nous un jour envisager de voyager vers d'autres systèmes solaires et d'étendre la présence humaine au-delà de notre propre système solaire ?

5.1.4.5 Les Défis Éthiques :

La colonisation de l'espace soulève des questions éthiques importantes, notamment la répartition des ressources entre la Terre et l'espace, les droits des éventuels colons et la préservation de l'environnement spatial.

5.1.4.6 La Coexistence avec la Terre :

La colonisation de l'espace ne devrait pas être perçue comme une évasion de la Terre, mais plutôt comme une extension de notre civilisation. Comment pouvons-nous assurer une coexistence harmonieuse entre la Terre et les colonies spatiales ?

5.1.4.7 Vision à Long Terme :

Enfin, nous considérerons la colonisation de l'espace comme une vision à long terme qui pourrait offrir une assurance pour la survie de l'humanité sur des échelles de temps géologiques. Cette perspective invite à la réflexion sur les investissements nécessaires et les priorités pour l'avenir de notre espèce.

La colonisation de l'espace soulève des questions profondes sur notre place dans l'univers, notre survie en tant qu'espèce et les défis éthiques et pratiques qui accompagnent cette aventure. Bien que la colonisation spatiale puisse sembler lointaine, elle représente une réflexion stimulante sur l'avenir de l'humanité et son exploration de l'univers.

5.1.5 Débats sur l'Allocation des Ressources Financières :

Le débat sur l'allocation des ressources financières à l'exploration spatiale est une question complexe qui suscite des opinions diverses. Il met en évidence le besoin de peser les priorités et les avantages de l'exploration spatiale par rapport à d'autres besoins urgents de la société terrestre. Voici un aperçu des points clés de ce débat :

5.1.5.1 Protection de l'Environnement :

Certains critiques soutiennent que les ressources financières allouées à l'exploration spatiale pourraient être mieux utilisées pour lutter contre les problèmes environnementaux urgents, tels que le changement climatique, la préservation de la biodiversité et la gestion des déchets. Ils plaident en faveur de l'affectation de ces ressources à des initiatives de développement durable sur Terre.

5.1.5.2 Lutte contre la Pauvreté :

Un argument fréquemment avancé est que l'argent consacré à l'exploration spatiale pourrait être redirigé vers des programmes de lutte contre la pauvreté, d'éducation, de santé et d'aide humanitaire. Pour beaucoup, il est préoccupant que des milliards de dollars soient dépensés pour des missions spatiales alors que des populations dans le besoin existent sur Terre.

5.1.5.3 Amélioration des Conditions de Vie :

Certains estiment que l'argent alloué à l'exploration spatiale pourrait être plus efficacement investi dans des initiatives visant à améliorer les conditions de vie sur Terre, y compris l'accès à l'eau potable, à la nourriture, à un logement décent et à des soins de santé de base.

5.1.5.4 Innovation et Retombées Économiques :

Les partisans de l'exploration spatiale soulignent que les investissements dans ce domaine ont généré d'importantes innovations technologiques ayant des retombées positives sur de nombreux secteurs de l'économie. Ils mettent en avant les avantages économiques résultant de la recherche spatiale, tels que la création d'emplois et le développement de nouvelles industries.

5.1.5.5 Sauvegarde de l'Humanité :

Certains estiment que l'exploration spatiale, en particulier la perspective de la colonisation d'autres planètes, offre une assurance à long terme pour la survie de l'humanité. Face à des menaces potentielles telles que les catastrophes naturelles ou les conflits, l'exploration spatiale peut être vue comme un investissement dans notre avenir.

5.1.5.6 Coopération Internationale :

L'exploration spatiale est souvent le résultat de la coopération internationale, renforçant les liens entre les nations. Elle peut contribuer à la diplomatie et à la résolution pacifique des conflits.

5.1.5.7 Vision d'un Futur Inspirant :

L'exploration spatiale peut inspirer les générations futures et stimuler l'intérêt pour la science, la technologie et l'ingénierie. Cela peut encourager l'innovation et la recherche.

Il est important de reconnaître que l'allocation des ressources financières à l'exploration spatiale est un choix complexe, et les réponses à ces débats varient selon les valeurs, les priorités et les perspectives individuelles. La discussion de ces questions est essentielle pour guider la prise de décisions éclairées sur l'avenir de l'exploration spatiale.

5.1.6 La Dimension Internationale de l'Exploration Spatiale :

La coopération internationale dans le domaine de l'exploration spatiale est devenue un élément clé de la manière dont l'humanité aborde la conquête de l'espace. Cette coopération transcende les frontières nationales et favorise un esprit de collaboration à l'échelle mondiale. Dans cette section, nous examinerons comment la coopération internationale s'est développée dans le domaine de l'exploration spatiale et quelles sont les implications de cette collaboration.

5.1.6.1 Les Origines de la Coopération Spatiale Internationale :

Nous remonterons aux origines de la coopération spatiale internationale, mettant en évidence les premiers accords bilatéraux et les échanges scientifiques qui ont jeté les bases de la collaboration. Par exemple, la Guerre froide a été un moteur de la compétition spatiale, mais elle a également ouvert la voie à des initiatives de coopération, comme les programmes Apollo-Soyouz.

5.1.6.2 Les Agences Spatiales Internationales :

Nous présenterons les principales agences spatiales internationales, telles que la NASA (États-Unis), l'ESA (Agence spatiale européenne), Roscosmos (Russie) et d'autres, et comment elles ont collaboré sur des projets conjoints, des missions d'exploration et des programmes scientifiques.

5.1.6.3 Exemples de Missions Conjointes :

Nous examinerons des exemples concrets de missions spatiales internationales réussies, comme la Station spatiale internationale (ISS), un projet collaboratif de plusieurs pays qui a été habité en permanence depuis 2000. Nous discuterons également des missions d'exploration vers d'autres planètes et objets célestes qui ont impliqué la coopération internationale.

5.1.6.4 Accords Multilatéraux :

Nous aborderons les accords multilatéraux qui régissent la coopération spatiale internationale. Par exemple, l'Accord sur la Lune de 1979 stipule que la Lune et ses ressources sont le patrimoine commun de l'humanité, interdisant toute revendication nationale. Ces accords visent à établir un cadre juridique pour la coopération spatiale.

5.1.6.5 Les Avantages de la Coopération Spatiale Internationale :

Nous mettrons en évidence les avantages de la coopération internationale en matière d'exploration spatiale. Cela inclut la réduction des coûts, le partage des ressources, l'accès à une expertise et à des technologies diverses, ainsi que la promotion de la paix et de la diplomatie.

5.1.6.6 Défis et Perspectives :

Nous discuterons des défis potentiels de la coopération spatiale internationale, tels que les questions de souveraineté nationale, de protection de la propriété intellectuelle et de régulation. Nous explorerons également les perspectives d'avenir de cette collaboration, notamment dans le contexte de l'exploration humaine de Mars et au-delà.

5.1.6.7 Un Modèle de Collaboration Globale :

Enfin, nous soulignerons comment la coopération spatiale internationale peut servir de modèle pour la collaboration mondiale dans d'autres domaines, en montrant comment les nations peuvent travailler ensemble pour atteindre des objectifs communs et résoudre des problèmes complexes.

Cette section démontrera comment la coopération internationale dans le domaine de l'exploration spatiale est non seulement bénéfique pour l'avancement de la science et de la technologie, mais aussi pour la promotion de la paix et de la compréhension entre les nations. Elle montre comment l'exploration spatiale transcende les conflits nationaux et rassemble l'humanité dans une quête commune de découverte.

5.1.7 L'Exploration Spatiale comme Clé de l'Évolution Humaine

L'exploration spatiale offre une vision d'avenir fascinante où l'humanité peut jouer un rôle essentiel dans son évolution. Cette vision repose sur la conviction que l'exploration spatiale peut apporter des avantages significatifs dans plusieurs domaines et contribuer à la préservation à long terme de notre espèce.

5.1.7.1 L'Innovation Sans Limite :

L'exploration spatiale a le pouvoir de stimuler l'innovation de manière illimitée. Les défis technologiques posés par les voyages spatiaux ont déjà conduit à d'innombrables avancées dans des domaines tels que la science des matériaux, la propulsion, l'énergie solaire et la robotique. Dans cet avenir visionnaire, cette quête continue de stimuler l'imagination humaine et de favoriser des percées technologiques qui peuvent être appliquées sur Terre. Ces avancées pourraient avoir un impact profond sur l'économie, la médecine, la durabilité environnementale et bien d'autres domaines.

5.1.7.2 Exploration pour la Connaissance :

L'exploration spatiale est l'une des expressions les plus nobles de la quête humaine de connaissance. Chaque mission vers une planète éloignée, chaque observation d'une étoile lointaine et chaque analyse d'un objet céleste nous renseigne sur l'univers et sur nous-mêmes. Dans cet avenir, nous avons la possibilité de continuer à élargir notre compréhension de l'univers et d'explorer les mystères de l'espace, ce qui pourrait éventuellement ouvrir des portes vers de nouvelles technologies, des ressources insoupçonnées et des réponses aux grandes questions de l'existence.

5.1.7.3 Croissance Économique et Ressources Spatiales :

La vision inclut également la possibilité de tirer parti des ressources spatiales. Des astéroïdes riches en métaux aux réserves d'eau sur la Lune, ces ressources pourraient devenir un moteur de croissance économique. Dans cette optique, l'exploration spatiale n'est pas seulement une aventure scientifique, mais aussi un investissement économique avec un potentiel de retour considérable. Les avantages pour la Terre pourraient inclure une réduction de la rareté des ressources, la création d'emplois et le développement de nouvelles industries.

5.1.7.4 Préservation de l'Humanité :

L'exploration spatiale offre une perspective unique sur la préservation de l'humanité à long terme. L'établissement de colonies sur d'autres planètes ou lunes pourrait servir de filet de sécurité en cas de catastrophes sur Terre. Cela soulève des questions profondes sur la survie de notre espèce et la nécessité de diversifier notre présence dans l'univers pour garantir notre survie à long terme.

5.1.7.5 Un Avenir d'Inclusion Mondiale :

L'exploration spatiale est une entreprise internationale, rassemblant des scientifiques, des ingénieurs et des passionnés du monde entier. Cela représente une opportunité d'unité, de coopération et de solidarité à l'échelle planétaire. Dans cet avenir, l'exploration spatiale peut servir de catalyseur pour des efforts collectifs visant à relever les défis mondiaux, qu'il s'agisse du changement climatique, des crises sanitaires ou de la réduction de la pauvreté.

Cette vision optimiste de l'exploration spatiale montre comment elle peut devenir un catalyseur de l'amélioration de l'humanité, tant sur le plan scientifique, technologique qu'économique. Elle inspire l'humanité à s'unir pour explorer les étoiles, tout en rappelant l'importance de maintenir un équilibre entre l'exploration spatiale et les besoins de notre planète mère, la Terre.

Cette section mettra en évidence les aspects porteurs et bénéfiques de l'exploration spatiale, montrant comment elle peut contribuer à l'amélioration de l'humanité sous de nombreux aspects. Elle offrira une perspective équilibrée sur la manière dont les ressources financières allouées à l'exploration spatiale peuvent être perçues dans le contexte des besoins et des aspirations de la société terrestre.

5.2 Propositions pour Rééquilibrer l'Allocation des Ressources

Lorsque l'on considère les ressources financières investies dans l'exploration spatiale, il est essentiel de réfléchir à la manière de rééquilibrer cette allocation pour répondre aux besoins de la société terrestre. Voici quelques propositions qui peuvent aider à atteindre cet objectif :

5.2.1 Prioriser les Besoins Terrestres :

Établir une hiérarchie des priorités claires est une étape cruciale dans la réévaluation de l'allocation des ressources financières. Cela garantit que les besoins fondamentaux de la société terrestre sont traités de manière exhaustive et efficace. Voici une expansion de cette idée :

5.2.1.1 Lutte contre la Pauvreté :

En haut de la hiérarchie des priorités devrait figurer la lutte contre la pauvreté. Les gouvernements, les organisations philanthropiques et les entreprises devraient concentrer leurs ressources sur la réduction des inégalités économiques et la création de possibilités pour les populations défavorisées. Cela pourrait inclure des programmes de sécurité sociale, des investissements dans l'éducation et la formation professionnelle, ainsi que des initiatives visant à stimuler l'emploi et l'entreprenariat.

5.2.1.2 Amélioration de l'Accès à l'Éducation et aux Soins de Santé :

Une autre priorité absolue devrait être l'amélioration de l'accès à l'éducation de qualité et aux soins de santé. L'éducation est un moteur de mobilité sociale, permettant aux individus d'accéder à des opportunités économiques. Les soins de santé de qualité sont essentiels pour garantir une population en bonne santé et productive. Les ressources financières devraient être allouées pour construire des écoles, former des enseignants, améliorer les infrastructures de santé et garantir l'accessibilité à des soins de santé de qualité pour tous.

5.2.1.3 Protection de l'Environnement :

La protection de l'environnement est également une priorité fondamentale. Le changement climatique, la perte de biodiversité et la dégradation de l'écosystème menacent la durabilité à long terme de notre planète. Les ressources financières devraient être investies dans des solutions visant à réduire les émissions de gaz à effet de serre, à promouvoir l'adoption d'énergies renouvelables, à soutenir la conservation de la biodiversité et à réduire la pollution. Ces mesures sont essentielles pour garantir un avenir viable pour les générations futures.

Il est essentiel que cette hiérarchie des priorités soit établie en collaboration avec les gouvernements, les organisations non gouvernementales, les experts et la société civile. Une approche inclusive garantit que les décisions d'allocation des ressources reflètent véritablement les besoins et les aspirations de la société terrestre. Elle permet également d'assurer une meilleure coordination des efforts à l'échelle mondiale pour relever ces défis cruciaux.

5.2.2 Investir dans la Durabilité Environnementale :

La protection de l'environnement est devenue l'une des préoccupations majeures du XXIe siècle, et à juste titre. Les ressources financières allouées à l'exploration spatiale pourraient être réorientées vers des projets visant à préserver et à améliorer la durabilité environnementale sur Terre. Voici comment ces investissements massifs pourraient être bénéfiques :

5.2.2.1 Investissements dans les Énergies Renouvelables :

Le passage aux énergies renouvelables, telles que l'énergie solaire et éolienne, est essentiel pour réduire les émissions de gaz à effet de serre et atténuer le changement climatique. Les ressources financières pourraient être utilisées pour développer davantage ces technologies, les rendre plus abordables et les déployer à l'échelle mondiale.

5.2.2.2 Gestion des Déchets et Économie Circulaire :

La gestion des déchets est un problème mondial croissant. Les investissements dans des méthodes de gestion des déchets plus durables, telles que le recyclage avancé et l'économie circulaire, contribueraient à réduire la pollution et la pression sur les ressources naturelles.

5.2.2.3 Préservation de la Biodiversité :

La protection de la biodiversité est cruciale pour maintenir l'équilibre des écosystèmes. Les ressources financières pourraient être consacrées à la création et à la gestion de parcs naturels, à la régénération des écosystèmes dégradés et à la lutte contre la perte de biodiversité.

5.2.2.4 Lutte contre le Changement Climatique :

La lutte contre le changement climatique est l'un des défis les plus urgents de notre époque. Les investissements pourraient soutenir des initiatives visant à réduire les émissions de gaz à effet de serre, à favoriser l'adaptation aux changements climatiques et à promouvoir la recherche de solutions novatrices.

5.2.2.5 Création d'Emplois et de Nouvelles Industries :

La transition vers une économie plus durable offre des opportunités pour la création d'emplois dans des secteurs tels que les énergies renouvelables, la restauration de l'environnement, l'agriculture durable et bien d'autres. Ces emplois contribuent à la croissance économique tout en améliorant la durabilité.

5.2.2.6 Réduction des Risques Environnementaux :

Les investissements dans la durabilité environnementale contribuent également à réduire les risques environnementaux. Cela inclut la prévention des catastrophes liées à l'environnement, telles que les inondations, les incendies de forêt et les catastrophes liées au climat, qui ont un impact économique majeur.

En réaffectant une partie des ressources financières de l'exploration spatiale à ces initiatives, la société peut mieux répondre aux défis urgents et pressants qui menacent la planète. Cela reflète une approche plus équilibrée de l'allocation des ressources, garantissant que l'exploration spatiale coexiste avec la protection de la Terre et de son environnement précieux.

5.2.3 Encourager l'Innovation Terrestre :

L'investissement des ressources de l'exploration spatiale dans l'innovation terrestre offre une opportunité significative d'améliorer la qualité de vie sur Terre. Voici comment ces ressources pourraient être réorientées vers des domaines clés :

5.2.3.1 Soins de Santé Abordables :

Les avancées technologiques dérivées de la recherche spatiale peuvent être appliquées à la médecine pour améliorer les soins de santé. Par exemple, les technologies de télémédecine peuvent élargir l'accès aux soins dans les régions reculées, tandis que la recherche en biotechnologie peut conduire à des traitements plus efficaces. L'investissement dans la recherche médicale et l'innovation peut contribuer à rendre les soins de santé plus abordables et accessibles.

5.2.3.2 Éducation de Qualité :

Les technologies spatiales, telles que les satellites éducatifs, peuvent être utilisées pour améliorer l'éducation de qualité dans le monde entier. Les ressources financières investies dans l'éducation spatiale peuvent être réaffectées pour développer des programmes éducatifs novateurs, fournir un accès à l'éducation en ligne et former des enseignants qualifiés. Une éducation de qualité est un facteur clé pour réduire la pauvreté et stimuler le développement économique.

5.2.3.3 Sécurité Alimentaire :

L'agriculture spatiale, y compris la recherche sur la culture en milieu fermé et la surveillance des cultures depuis l'espace, peut être adaptée pour améliorer la sécurité alimentaire sur

Terre. Les techniques spatiales peuvent aider à prévoir les récoltes, à optimiser l'utilisation des terres agricoles et à développer des méthodes agricoles durables. Les ressources financières consacrées à l'agriculture spatiale peuvent être réinvesties dans des projets visant à garantir que chaque individu ait suffisamment à manger.

5.2.3.4 Mobilité Durable :

L'innovation spatiale peut également contribuer à des solutions de mobilité durable, en développant des technologies de transport plus efficaces et respectueuses de l'environnement. Les investissements dans la recherche de véhicules électriques, de transports en commun écologiques et de systèmes de gestion de la circulation peuvent aider à réduire la pollution de l'air et à lutter contre le changement climatique.

5.2.3.5 Énergie Propre :

Les technologies spatiales ont déjà contribué au développement de l'énergie solaire et de l'énergie éolienne, en utilisant les ressources spatiales pour surveiller et exploiter les sources d'énergie renouvelable. En réaffectant des ressources vers des projets d'énergie propre, nous pouvons accélérer la transition vers une économie basée sur des sources d'énergie respectueuses de l'environnement.

En résumé, l'innovation terrestre financée par les ressources de l'exploration spatiale peut avoir un impact profond sur la vie des individus, en améliorant les soins de santé, l'éducation, la sécurité alimentaire, la mobilité durable et l'approvisionnement énergétique. Cela réaffirme l'idée que l'exploration spatiale peut être un moteur de progrès sur Terre et qu'une réorientation stratégique de ces ressources peut contribuer à résoudre certains des défis les plus pressants de notre époque.

5.2.4 La Coopération Internationale : Un Pilier de la Réévaluation de l'Exploration Spatiale

La coopération internationale revêt une importance cruciale lorsqu'il s'agit de réévaluer l'exploration spatiale et de rééquilibrer l'allocation des ressources. Elle offre une multitude d'avantages et de perspectives positives, contribuant à l'optimisation de l'utilisation des ressources financières allouées à l'exploration spatiale.

5.2.4.1 Partage des Coûts et Maximisation des Ressources :

L'exploration spatiale est une entreprise coûteuse, requérant d'importants investissements en recherche, développement et missions. En encourageant la coopération internationale, les nations peuvent partager les coûts de manière équitable, réduisant ainsi la charge financière pesant sur chaque nation individuellement. Cela permet de maximiser l'efficacité des dépenses, car les ressources sont allouées de manière stratégique pour atteindre des objectifs communs.

5.2.4.2 Réduction des Doublons et des Redondances :

La coopération internationale favorise l'élimination des doublons et des redondances dans les efforts d'exploration spatiale. Les nations et les agences spatiales peuvent collaborer pour éviter de reproduire des missions ou des projets similaires. Cela garantit une utilisation plus efficace des ressources, en évitant le gaspillage de fonds précieux.

5.2.4.3 Solidarité et Échange de Connaissances :

L'exploration spatiale, en tant qu'entreprise collective, favorise la solidarité et l'échange de connaissances entre les nations. Les scientifiques, les ingénieurs et les chercheurs du monde entier collaborent pour résoudre des problèmes complexes. Cette collaboration internationale permet de tirer parti de l'expertise et de l'expérience de multiples nations, contribuant ainsi à la résolution de défis techniques et scientifiques.

5.2.4.4 Exemple de Coopération à l'Échelle Planétaire :

L'exploration spatiale peut devenir un exemple de coopération et d'unité à l'échelle planétaire. Elle transcende les frontières nationales et incite les nations à travailler ensemble pour réaliser des objectifs communs. Cette coopération symbolise un esprit de solidarité mondiale, démontrant que les nations peuvent mettre de côté leurs différences pour relever des défis collectifs.

5.2.4.5 Opportunité de Paix et de Diplomatie :

La coopération internationale dans l'exploration spatiale offre également une opportunité de promouvoir la paix et la diplomatie. Les projets spatiaux conjoints peuvent renforcer les relations internationales et favoriser la compréhension mutuelle entre les nations. Ils offrent un terrain neutre où les pays peuvent collaborer malgré des tensions politiques ou géopolitiques.

5.2.4.6 Promotion d'une Vision Globale de l'Humanité :

En encourageant la coopération internationale, l'exploration spatiale contribue à promouvoir une vision globale de l'humanité. Elle rappelle que, malgré nos différences culturelles et géographiques, nous partageons tous une planète et un destin commun. Cela peut influencer positivement la manière dont nous abordons les problèmes mondiaux tels que le changement climatique, les pandémies et la pauvreté.

Dans l'ensemble, la coopération internationale est un élément essentiel de la réévaluation de l'exploration spatiale. Elle permet de maximiser les avantages de l'exploration spatiale tout en minimisant les coûts et en favorisant la solidarité mondiale. Cette approche renforce l'idée que l'exploration spatiale n'est pas seulement une entreprise nationale, mais une entreprise humaine collective qui offre des avantages universels.

5.2.5 Transparence et Reddition de Comptes :

Les gouvernements, les organisations et les entreprises impliqués dans l'exploration spatiale devraient être tenus de rendre compte de manière transparente de leurs dépenses et de leurs objectifs. La reddition de comptes est essentielle pour s'assurer que les ressources sont utilisées de manière efficace et pour éviter le gaspillage.

La transparence et la reddition des comptes jouent un rôle crucial dans l'allocation des ressources à l'exploration spatiale. Voici pourquoi ces aspects sont essentiels :

5.2.5.1 Garantir l'Utilisation Responsable des Ressources :

L'exploration spatiale est une entreprise qui nécessite d'importants investissements financiers, qu'il s'agisse de fonds publics ou privés. Il est de la plus haute importance de s'assurer que ces ressources sont utilisées de manière responsable et efficace. La transparence permet de vérifier que l'argent des contribuables est dépensé de manière judicieuse, évitant le gaspillage et les dépenses inutiles.

5.2.5.2 Prévenir la Corruption :

Lorsque d'importantes sommes d'argent sont en jeu, il y a toujours un risque de corruption. La transparence financière et la reddition de comptes permettent de dissuader les pratiques corrompues en exposant les transactions financières et en les soumettant à un examen public. Cela contribue à prévenir les abus de pouvoir et à garantir que l'exploration spatiale se déroule de manière éthique.

5.2.5.3 Établir la Confiance du Public :

L'exploration spatiale est financée en partie par des fonds publics, ce qui signifie que les citoyens ont un droit de regard sur la manière dont leur argent est dépensé. Une transparence totale renforce la confiance du public dans les agences gouvernementales et les organisations impliquées dans l'exploration spatiale. Lorsque les citoyens ont accès à des informations claires sur les objectifs, les coûts et les retombées de l'exploration spatiale, ils sont plus susceptibles de soutenir ces initiatives.

5.2.5.4 Évaluer l'Impact et l'Efficacité :

La reddition de comptes permet d'évaluer l'impact et l'efficacité des programmes spatiaux. Cela signifie que les gouvernements, les organisations et les entreprises doivent rendre compte de l'atteinte de leurs objectifs et des retombées positives de leurs missions. Cela permet de déterminer si les ressources sont allouées de manière appropriée et si les résultats sont conformes aux attentes.

5.2.5.5 Encourager l'Innovation et l'Amélioration Continue :

Lorsque les opérations spatiales sont soumises à un examen minutieux, cela encourage l'innovation et l'amélioration continue. Les organisations cherchent à optimiser leurs opérations, à réduire les coûts et à maximiser les avantages pour la société. La concurrence entre les différentes agences spatiales et entreprises est stimulée, ce qui peut entraîner des avancées significatives dans la technologie spatiale.

5.2.5.6 Fournir des Informations pour la Prise de Décisions :

La transparence et la reddition des comptes fournissent aux décideurs politiques, aux scientifiques et aux planificateurs les informations dont ils ont besoin pour prendre des décisions éclairées. Cela les aide à allouer les ressources de manière stratégique, en fonction des priorités nationales et mondiales.

En fin de compte, la transparence et la reddition de comptes sont des piliers essentiels pour assurer que l'exploration spatiale profite à l'ensemble de l'humanité. Elles garantissent que les ressources sont utilisées de manière éthique, efficiente et équitable, tout en favorisant la confiance du public et la participation citoyenne.

5.2.6 Investir dans l'Éducation et la Sensibilisation :

Il est également essentiel d'investir dans l'éducation et la sensibilisation du public en ce qui concerne l'exploration spatiale. Les citoyens devraient être informés des objectifs, des avantages et des coûts associés à cette entreprise fascinante, afin de pouvoir participer activement aux décisions sur l'allocation des ressources.

L'éducation du public est un élément fondamental pour assurer le soutien continu de la société à l'exploration spatiale. Voici quelques raisons pour lesquelles cela est si crucial :

5.2.6.1 Transparence et compréhension :

L'exploration spatiale implique des dépenses considérables de ressources publiques. Les citoyens ont le droit de savoir comment leur argent est utilisé et quels sont les avantages potentiels. En fournissant des informations claires et objectives, le public peut mieux comprendre les objectifs et les réalisations de la mission spatiale.

5.2.6.2 Engagement et soutien :

Lorsque le public est correctement informé, il est plus susceptible de soutenir activement les programmes spatiaux. Cela peut se traduire par un soutien politique plus fort et une plus grande acceptation des coûts associés à l'exploration spatiale.

5.2.6.3 Inspiration et éducation :

L'exploration spatiale est une source d'inspiration pour de nombreuses personnes, en particulier les jeunes. En éduquant le public sur les réussites passées et les objectifs futurs de l'exploration spatiale, on peut encourager les générations futures à s'impliquer dans des carrières liées à la science, la technologie, l'ingénierie et les mathématiques (STEM).

5.2.6.4 Collaboration internationale :

L'exploration spatiale est souvent le résultat de collaborations internationales. L'éducation du public sur ces collaborations renforce les liens diplomatiques et renforce la coopération mondiale en matière d'exploration spatiale.

Pour atteindre ces objectifs, des efforts d'éducation et de sensibilisation du public peuvent prendre de nombreuses formes, notamment des expositions, des conférences, des programmes éducatifs dans les écoles, des médias grand public, des réseaux sociaux, des documentaires et bien plus encore. Il est essentiel que ces initiatives soient basées sur des informations précises et impartiales pour garantir que le public soit correctement informé et puisse participer activement aux décisions sur l'allocation des ressources pour l'exploration spatiale.

5.2.7 Réévaluer Régulièrement les Objectifs Spatiaux :

Les objectifs de l'exploration spatiale devraient être régulièrement réévalués pour s'assurer qu'ils sont en phase avec les besoins changeants de la société terrestre. Les missions spatiales devraient être guidées par une vision claire de la manière dont elles contribuent au bien-être de l'humanité.

L'exploration spatiale, en tant que domaine scientifique et technologique, revêt une importance capitale pour l'avenir de l'humanité. Cependant, il est essentiel que ces efforts soient continuellement réexaminés pour garantir qu'ils restent pertinents et alignés sur les priorités évolutives de notre société. Voici quelques points clés qui justifient cette nécessité de réévaluation constante des objectifs de l'exploration spatiale :

5.2.7.1 Évolution des besoins de la société :

Les besoins de la société évoluent avec le temps, qu'il s'agisse de défis environnementaux, de besoins énergétiques, de la compréhension de notre planète, ou de la quête de nouvelles ressources. Les objectifs de l'exploration spatiale doivent s'adapter à ces besoins changeants.

5.2.7.2 Ressources limitées :

Les missions spatiales sont coûteuses en termes de temps, d'argent et de ressources humaines. Il est donc impératif d'investir judicieusement dans des projets qui apportent un avantage tangible à la société. Une réévaluation constante permet d'optimiser l'utilisation de ces ressources limitées.

5.2.7.3 Technologie en évolution :

Les avancées technologiques rapides ouvrent de nouvelles opportunités en matière d'exploration spatiale. En réévaluant régulièrement les objectifs, nous pouvons tirer parti de ces progrès pour réaliser des missions plus ambitieuses et efficaces.

5.2.7.4 Priorités planétaires :

L'exploration spatiale peut contribuer de manière significative à la compréhension des défis planétaires tels que le changement climatique, la prévention des catastrophes naturelles, la gestion des ressources, et la surveillance de l'environnement. En réorientant les objectifs, nous pouvons mieux répondre à ces priorités.

5.2.7.5 Engagement du public :

L'exploration spatiale est financée en grande partie par des fonds publics. Il est donc essentiel de maintenir l'engagement et le soutien du public en montrant clairement comment ces efforts contribuent au bien-être de la société.

En fin de compte, la réévaluation régulière des objectifs de l'exploration spatiale garantit que cette entreprise extraordinaire continue de servir au mieux les intérêts de l'humanité. Cela nécessite une planification stratégique à long terme, une collaboration internationale et une vision globale de la manière dont l'exploration spatiale peut enrichir nos vies sur Terre et nous aider à relever les défis du futur.

Ces propositions visent à rééquilibrer l'allocation des ressources tout en reconnaissant l'importance de l'exploration spatiale. Elles encouragent une approche plus réfléchie et transparente de l'utilisation des fonds publics et privés dans l'espace, dans le but de créer un monde meilleur pour tous.

5.3 - Concepts de développement durable

Le concept de développement durable est devenu l'un des piliers fondamentaux de la politique mondiale, de l'économie, et de la société en général. Il repose sur l'idée que nos actions actuelles ne devraient pas compromettre la capacité des générations futures à satisfaire leurs besoins. Le développement durable englobe un large éventail de domaines, notamment l'économie, l'environnement, la société, et la gouvernance. Dans cette section, nous allons explorer et développer certains des concepts clés du développement durable.

5.3.1 - Les Trois Piliers du Développement Durable

Le développement durable repose généralement sur trois piliers interconnectés :

1. *Pilier Environnemental* : Ce pilier met l'accent sur la préservation et la restauration de l'environnement naturel. Il englobe la conservation de la biodiversité, la gestion des ressources naturelles, la réduction des émissions de gaz à effet de serre, et la promotion des énergies renouvelables. L'objectif est de garantir que les activités humaines ne détériorent pas les écosystèmes essentiels pour notre survie.

2. *Pilier Économique* : Le pilier économique du développement durable vise à créer une croissance économique durable et équitable. Cela implique de promouvoir des modèles économiques qui tiennent compte des coûts environnementaux, encouragent l'innovation, et réduisent les inégalités. L'économie durable cherche à équilibrer les besoins économiques actuels avec la préservation des ressources pour les générations futures.

3. *Pilier Social* : Le pilier social met l'accent sur la justice sociale, l'inclusion, et le bien-être des individus et des communautés. Il s'agit de garantir un accès équitable à l'éducation, à la santé, à l'emploi, et à la participation démocratique. La dimension sociale du développement durable vise à éliminer la pauvreté, à promouvoir l'égalité des sexes, et à renforcer les droits de l'homme.

5.3.2 - L'Interconnexion des Piliers

L'un des concepts clés du développement durable est que ces trois piliers ne peuvent pas être considérés de manière isolée. Ils sont profondément interconnectés et se renforcent mutuellement. Par exemple, des mesures environnementales positives, comme la réduction des émissions de gaz à effet de serre, peuvent également stimuler la croissance économique en favorisant l'innovation dans les technologies propres. De même, des politiques sociales équitables peuvent renforcer la résilience des communautés face aux changements environnementaux.

5.3.3 - La Gestion des Conflits et des Objectifs

Le développement durable peut parfois impliquer des conflits entre les trois piliers. Par exemple, les priorités environnementales telles que la protection de la faune peuvent entrer en conflit avec des objectifs économiques de développement. La résolution de ces conflits nécessite un équilibre et des compromis soigneusement réfléchis.

5.3.4 - L'Agenda 2030 et les Objectifs de Développement Durable des Nations Unies

En 2015, les Nations Unies ont adopté les Objectifs de Développement Durable (ODD), un plan d'action mondial ambitieux visant à transformer notre monde d'ici 2030. Ces 17 objectifs représentent un engagement sans précédent de la communauté internationale en faveur du développement durable. Ils sont conçus pour aborder les défis mondiaux les plus pressants, tout en reconnaissant l'interdépendance entre les enjeux sociaux, économiques et environnementaux. Voici une liste des 17 ODD, chacun avec ses propres cibles spécifiques :

1. **Pas de pauvreté** : Éliminer la pauvreté sous toutes ses formes et partout dans le monde.

2. **Faim zéro** : Éliminer la faim, assurer la sécurité alimentaire, améliorer la nutrition et promouvoir l'agriculture durable.

3. **Bonne santé et bien-être** : Assurer une vie saine et promouvoir le bien-être pour tous, à tout âge.

4. **Éducation de qualité** : Assurer l'accès à une éducation de qualité, équitable et inclusive, et promouvoir des possibilités d'apprentissage tout au long de la vie.

5. **Égalité des sexes** : Atteindre l'égalité des sexes et autonomiser toutes les femmes et les filles.

6. **Eau propre et assainissement** : Garantir la disponibilité et la gestion durable de l'eau et de l'assainissement pour tous.

7. **Énergie propre et d'un coût abordable** : Garantir l'accès à une énergie propre, abordable, fiable et durable pour tous.

8. **Travail décent et croissance économique** : Promouvoir une croissance économique soutenue, partagée et durable, le plein emploi productif et un travail décent pour tous.

9. **Industrie, innovation et infrastructure** : Bâtir une infrastructure résiliente, promouvoir une industrialisation durable et favoriser l'innovation.

10. **Réduction des inégalités** : Réduire les inégalités dans les pays et d'un pays à l'autre.

11. **Villes et communautés durables** : Faire en sorte que les villes et les établissements humains soient ouverts à tous, sûrs, résilients et durables.

12. **Consommation et production responsables** : Garantir des modes de consommation et de production durables.

13. **Lutte contre les changements climatiques** : Prendre des mesures urgentes pour lutter contre les changements climatiques et leurs répercussions.

14. **Vie aquatique** : Préserver et exploiter de manière durable les océans, les mers et les ressources marines.

15. **Vie terrestre** : Préserver, restaurer et favoriser une utilisation durable des écosystèmes terrestres.

16. **Paix, justice et institutions efficaces** : Promouvoir l'accès à la justice pour tous et des institutions efficaces, responsables et inclusives à tous les niveaux.

17. **Partenariats pour la réalisation des objectifs** : Renforcer les moyens de mettre en œuvre et revitaliser le partenariat mondial pour le développement durable.

Ces Objectifs de Développement Durable fournissent un cadre essentiel pour guider les politiques nationales et internationales, mobiliser des ressources, promouvoir l'innovation et mesurer les progrès vers un avenir plus durable, équitable et prospère pour tous les habitants de la planète. Ils sont un rappel constant de l'importance de l'action collective pour résoudre les défis mondiaux et créer un monde meilleur pour les générations présentes et futures.

En conclusion, le développement durable est un concept complexe qui vise à créer un équilibre entre l'économie, l'environnement, et la société. Il repose sur l'idée que notre avenir dépend de la manière dont nous gérons ces trois piliers de manière équilibrée. Les Objectifs de Développement Durable des Nations Unies représentent un cadre international pour guider les actions vers un avenir plus durable pour tous.

5.4 - Rôle de l'innovation et de la technologie dans la résolution des problèmes

Le rôle de l'innovation et de la technologie dans la résolution des problèmes est d'une importance capitale dans notre monde en constante évolution. L'innovation et la technologie sont des moteurs essentiels pour relever les défis auxquels l'humanité est confrontée. Dans cette discussion, nous examinerons en profondeur comment ces éléments jouent un rôle central dans la résolution de problèmes.

L'innovation et la technologie sont des forces puissantes qui transforment notre société. Elles ont un impact sur de nombreux domaines, de la médecine à l'énergie en passant par l'environnement, l'éducation et bien d'autres encore. Leur rôle dans la résolution des problèmes réside dans leur capacité à repousser les limites de ce qui est possible, à accélérer les progrès et à offrir des solutions nouvelles et plus efficaces.

5.4.1 Innovation, Technologie et Résolution des Problèmes

5.4.1.1 Avancées médicales

- Les technologies médicales avancées, telles que la génomique et l'intelligence artificielle, révolutionnent les diagnostics, les traitements et les soins de santé.

5.4.1.2 Durabilité environnementale

- L'innovation dans les énergies renouvelables, la gestion des déchets et la réduction des émissions de carbone joue un rôle clé dans la lutte contre le changement climatique.

5.4.1.3 Éducation et accès à l'information

- La technologie facilite l'accès à l'éducation et à l'information dans le monde entier, ce qui contribue à l'autonomisation et à la résolution des problèmes sociaux.

5.4.1.4 Développement économique

- L'innovation dans les domaines de la robotique, de l'automatisation et de l'internet des objets stimule la croissance économique et la création d'emplois.

5.4.1.5 Communication et collaboration

- Les avancées technologiques dans les communications permettent la collaboration à l'échelle mondiale pour résoudre des problèmes transnationaux.

5.4.2 Les Défis de l'Innovation et de la Technologie

5.4.2.1 Éthique et responsabilité

- L'utilisation de la technologie soulève des questions éthiques, notamment en matière de vie privée, de sécurité et de justice.

5.4.2.2 Inégalités

- Les avantages de l'innovation et de la technologie ne sont pas toujours répartis équitablement, créant des disparités entre les groupes socio-économiques.

5.4.2.3 Sécurité et durabilité

- L'innovation doit être accompagnée d'une réflexion sur sa durabilité à long terme et sur les risques éventuels.

L'innovation et la technologie ont un rôle incontestable dans la résolution des problèmes qui affectent notre monde. Leurs applications sont vastes et touchent de nombreux domaines de la société. Cependant, il est impératif de les utiliser de manière éthique et responsable, en tenant compte des inégalités et des défis potentiels. Avec un engagement mondial en faveur de l'innovation responsable, la technologie peut être un puissant moteur de progrès, contribuant ainsi à un avenir meilleur pour tous.

Conclusion

La discussion précédente nous a conduits à explorer en profondeur l'importance de la réévaluation constante des objectifs de l'exploration spatiale pour garantir leur alignement sur les besoins changeants de la société terrestre, tout en tenant compte du rôle du capitalisme dans ce contexte. De plus, nous avons souligné l'importance de guider ces missions spatiales par une vision claire de leur contribution au bien-être de l'humanité dans un cadre capitaliste. En cette ère d'objectifs de développement durable des Nations Unies, il est essentiel de mettre en perspective ces concepts afin de façonner un avenir équilibré pour la société et la planète tout en considérant les dynamiques capitalistes. Cette conclusion se penche sur les principaux points discutés, en tenant compte de l'influence du capitalisme, et sert d'appel à l'action pour une responsabilité individuelle et collective envers notre monde et ses habitants.

Synthèse des principaux points abordés

Tout au long de cette discussion, nous avons mis en avant plusieurs points cruciaux, en tenant compte des dynamiques capitalistes :

1. L'adaptation aux besoins changeants de la société :

Dans un monde où le capitalisme joue un rôle central dans l'économie mondiale, il est impératif que les objectifs de l'exploration spatiale évoluent pour répondre aux préoccupations changeantes de la société. Que ce soit la compréhension des enjeux environnementaux, les besoins énergétiques, ou la prévention des catastrophes, l'exploration spatiale doit être flexible et adaptable pour s'aligner sur les opportunités et les demandes du marché capitaliste.

2. L'utilisation judicieuse des ressources :

Dans le cadre du capitalisme, les ressources financières et humaines sont des éléments clés pour le succès des missions spatiales. Il est de notre devoir, en tant qu'acteurs capitalistes, de garantir que ces ressources limitées sont allouées de manière efficiente, en mettant l'accent sur des projets spatiaux qui apportent des avantages tangibles à la société et qui sont économiquement viables.

3. L'importance de la technologie :

Les avancées technologiques rapides offrent des opportunités commerciales considérables dans le domaine de l'exploration spatiale. La réévaluation régulière des objectifs nous permet de tirer parti de ces progrès pour des missions plus ambitieuses et efficaces, tout en répondant aux besoins du marché capitaliste.

4. Répondre aux priorités planétaires :

Le capitalisme ne doit pas être dissocié de la responsabilité envers la planète. L'exploration spatiale peut jouer un rôle significatif dans la compréhension et la résolution des défis planétaires, tout en offrant des opportunités commerciales. L'ajustement des objectifs pour répondre à ces priorités est essentiel, tout en maintenant une approche durable et éthique.

5. L'engagement du public :

Les investissements capitalistes dans l'exploration spatiale sont souvent financés par le public. Il est donc essentiel de maintenir un niveau élevé d'engagement et de soutien en communiquant clairement comment ces efforts contribuent à l'économie, à l'innovation et au bien-être de la société.

Appel à l'action et à la responsabilité individuelle et collective

Maintenant que nous comprenons l'importance de la réévaluation des objectifs de l'exploration spatiale dans un contexte capitaliste, il est temps d'envisager notre rôle individuel et collectif en tant qu'acteurs économiques. Nous, en tant qu'individus, entreprises, gouvernements et nations, devons :

1. Être conscients des opportunités et des responsabilités :

Dans une économie capitaliste, il est essentiel de comprendre les opportunités offertes par l'exploration spatiale, mais aussi les responsabilités liées à l'utilisation des ressources et à la gestion des impacts environnementaux.

2. Soutenir l'innovation et la durabilité :

Encourager et soutenir l'innovation technologique dans le cadre de l'exploration spatiale, tout en veillant à ce que cette innovation soit durable et respectueuse de l'environnement.

3. Exiger la transparence et la responsabilité :

Tenir les acteurs capitalistes, les entreprises et les gouvernements responsables de leurs actions dans le domaine de l'exploration spatiale, en demandant une transparence accrue et une gestion éthique.

4. Promouvoir la coopération et l'éthique commerciale :

Encourager la collaboration internationale dans le cadre de l'exploration spatiale, tout en promouvant des pratiques commerciales éthiques qui respectent les intérêts de la planète et de ses habitants.

Vision d'un avenir équilibré pour la société et la planète dans un contexte capitaliste

En fin de compte, l'exploration spatiale devrait être un moyen de promouvoir un avenir équilibré pour la société et la planète, tout en tirant parti des opportunités offertes par le capitalisme. Cela signifie un monde où la prospérité économique, l'égalité, la durabilité environnementale et la paix coexistent harmonieusement.

Pour y parvenir, nous devons reconnaître que le capitalisme peut être un puissant moteur de progrès, mais il nécessite également une réglementation et une responsabilité pour éviter des conséquences négatives. Les Objectifs de Développement Durable des Nations Unies offrent un cadre pour guider nos actions dans un monde capitaliste en quête d'équilibre.

En conclusion, l'exploration spatiale peut être une source de prospérité et de découverte dans un monde capitaliste, mais elle exige également une gestion responsable. En réévaluant régulièrement nos objectifs et en agissant avec détermination, nous pouvons nous rapprocher de cette vision d'un avenir équilibré pour la société et la planète, tout en maximisant les avantages du capitalisme. Il est temps de s'engager dans cette voie avec un sens de l'urgence et une compréhension de notre responsabilité envers les générations présentes et futures.